Anna Colella

Power-Wortschatz **Italienisch**

Wortschatztraining leicht gemacht

Hueber Verlag

Grazie a mio marito Christian per il suo aiuto nella realizzazione di questo progetto e grazie anche a tutta la mia famiglia per l'appoggio.

3. 2. 1. | Die letzten Ziffern
2013 12 11 10 09 | bezeichnen Zahl und Jahr des Druckes.
Alle Drucke dieser Auflage können, da unverändert,
nebeneinander benutzt werden.
1. Auflage

Umschlaggestaltung: Parzhuber und Partner, München
Fotogestaltung Cover: wentzlaff | pfaff | güldenpfennig kommunikation gmbH, München
Coverfoto: © gettyimages / Photodisc
Zeichnungen: Martin Guhl, Stein am Rhein, Schweiz (www.cartoonexpress.ch)
Redaktion: Stephanie Pfeiffer, Hueber Verlag, Ismaning
Layout: Cihan Kursuner, Hueber Verlag, Ismaning
DTP: Satz+Layout Fruth GmbH, München
Druck und Bindung: Ludwig Auer GmbH, Donauwörth
Printed in Germany
ISBN 978-3-19-007912-4

Vorwort

„Wortschatz" ist so wichtig wie Grammatik. Ohne „Wortschatz" keine Kommunikation. Umso wichtiger ist es, sich als Lernender einer Fremdsprache auch mit diesem Thema auseinanderzusetzen. Viele denken dabei an „Vokabelbüffeln". Aber „Wortschatz" lernen und üben muss nicht trocken sein und kann durchaus Spaß machen. Dieser Idee folgt der **Power-Wortschatz Italienisch**. Er bietet dem Lerner ein spezielles Übungsprogramm für Bereiche, in denen Wortschatz Schwierigkeiten bereiten kann. Das Buch wendet sich an Lernende mit Vorkenntnissen, die ihren Wortschatz erweitern bzw. vertiefen wollen und kann im Selbststudium, aber auch kursbegleitend eingesetzt werden. Außerdem eignet es sich zur Auffrischung und zur Wiederholung.

Der **Power-Wortschatz Italienisch** besteht aus 13 Kapiteln, die in jeweils 10 Übungen unterteilt sind und je nach Schwierigkeitsgrad (etwa von Niveau A1 bis B1 des europäischen Referenzrahmens) aufgebaut sind. Jede Übung bildet eine in sich geschlossene Einheit, die je nach Lernbedarf auch einzeln bearbeitet werden kann. Ausgewählt wurden Wörter, die für den deutschsprachigen Lerner eine Besonderheit im Sprachgebrauch und in ihrer Bedeutung darstellen. Die Sprachkompetenz wird durch das Üben von Sprichwörtern, Synonymen, „falschen Freunden", Gegensatzpaaren und Redewendungen gesteigert. Jede Übung eröffnet mit einer knappen Einleitung zum jeweiligen Thema. Mit Hilfe von Beispielsätzen werden Besonderheiten und Problemfälle erläutert. Anschließend folgt eine praxisbezogene Übung. Dabei wird besonderer Wert auf eine realistische Sprachwahl gelegt. Eine auf die jeweilige Übung bezogene Vokabelliste schließt jede Einheit ab.

Der **Power-Wortschatz Italienisch** bietet darüber hinaus eine große Vielfalt an Übungstypologien: Zuordnungsübungen, Lückentexte, Multiple Choice, Übersetzungen, Satzrekonstruktionen, Kreuzworträtsel.

Selbstverständlich befinden sich am Ende des Buches zu allen Übungen auch die entsprechenden Lösungen sowie ein alphabetisches Wortregister, das ein schnelles Auffinden der gelernten Wörter ermöglicht.

Die Autorin und die Redaktion wünschen Ihnen mit dem **Power-Wortschatz Italienisch** viel Spaß und Erfolg!

Buon divertimento!

Inhalt nach Themen

Die Zahlenangaben beziehen sich auf die durchnummerierten Übungen.

Inhalt nach Kapiteln

Seite

Kapitel 4

Kapitel 5

Kapitel 6

Seite

Kapitel 7

Kapitel 8

Kapitel 9

Seite

Kapitel 10

Kapitel 11

Kapitel 12

Seite

Kapitel 13

1 *'O sole mio!* Substantive auf *-e*: männlich oder weiblich?

Die Substantive auf *-e* können sowohl männlichen als auch weiblichen Geschlechts (Genus) sein. Es ist reine Lernsache zu wissen, ob ein Substantiv auf *-e* männlich oder weiblich ist. Achtung: Der Gebrauch des Genus stimmt im Italienischen und im Deutschen oft nicht überein. Ein Beispiel:

- *Sole* ist im Italienischen männlich, also *il sole*.
- Die deutsche Entsprechung „Sonne“ ist hingegen weiblich, also „die Sonne“.

In der folgenden Übung begegnen Ihnen einige dieser Unterschiede.

Männlich oder weiblich? Im Kasten – waagerecht bzw. senkrecht – sind 24 italienische Substantive versteckt. Finden und ordnen Sie sie den deutschen Entsprechungen zu. Setzen Sie dann den jeweils zugehörigen männlichen oder weiblichen bestimmten Artikel davor.

P	I	A	C	E	R	E	S	C	T	E	L	E	V	I	S	I	O	N	E
O	P	V	O	L	A	R	P	O	L	V	E	R	E	N	A	P	O	L	P
N	T	O	R	R	E	B	A	L	U	F	U	R	T	E	P	I	E	D	E
T	O	G	N	E	V	E	C	O	C	A	R	N	E	M	O	S	I	R	L
E	S	L	I	M	O	N	E	R	E	M	G	I	O	R	N	A	L	E	L
O	S	I	C	F	I	O	R	E	U	E	L	A	T	T	E	U	M	A	E
P	E	K	E	P	E	S	C	E	O	F	I	N	R	T	F	I	U	M	E
S	T	A	G	I	O	N	E	P	A	R	C	H	I	A	V	E	B	I	S

________	der Turm	________	der Schnee
________	der Schlüssel	________	das Fernsehen
________	die Brücke	________	der Fluss
________	der Husten	________	die Zeitung
________	die Blume	________	der Staub
________	die Haut	________	die Seife
________	die Milch	________	der Fuß
________	die Jahreszeit	*il piacere*	die Freude
________	der Rahmen	________	der Frieden
________	der Fisch	________	die Zitrone
________	das Licht	________	das Fleisch
________	der Hunger	________	die Farbe

Wenn Sie die Übung richtig lösen, finden Sie fünf Substantive, die im Italienischen und im Deutschen dasselbe Geschlecht aufweisen. Welche? Markieren Sie sie.

2 Größenwahn: „groß", „klein", „alt" und „jung"

Je nach Kontext kennt das Italienische für die Adjektive „groß", „klein", „alt" und „jung" verschiedene Wörter. „Groß" und „klein" heißen nicht unbedingt immer *grande* und *piccolo*, „alt" und „jung" nicht nur *vecchio* und *giovane*.

Vervollständigen Sie die Sätze mit den unten stehenden Adjektiven und geben Sie auf der rechten Seite die dazu passende deutsche Übersetzung an.

piccolo ~~alto~~ vecchio grande maiuscola piccola spiccioli anziane giovani antico giovanile bassa minuscola

a Vittorio è *alto* un metro e novanta. [*groß*]

b I miei nonni vivono in una ________ casa a due piani, in campagna. [ ]

c Al liceo classico si studiano latino e greco ________ . [ ]

d In tedesco tutti i sostantivi si scrivono con la lettera ________ , in italiano in genere si scrivono con la lettera ________ . [ ] [ ]

e I miei genitori si sono sposati a 20 anni. Erano molto ________ e innamoratissimi! [ ]

f Io vivo da solo in un ________ appartamento in centro. [ ]

g Mi potresti prendere le tazze lassù sullo scaffale? Io sono troppo ________ , non ci arrivo! [ ]

h Dora ha settanta anni, ma ha ancora un aspetto molto ________ . [ ]

i Allora, facciamo una ________ pausa e poi continuiamo la lezione. [ ]

j Mi dispiace, non Le posso dare il resto, non ho soldi ________ . [ ]

k Bisogna avere rispetto per le persone ________ . [ ]

l Ti dovresti comprare un cappotto nuovo, questo si è fatto ________ ! [ ]

Welche italienischen Entsprechungen gibt es also für „groß", „klein", „alt" und „jung"?

___

___

___

___

i nonni	die Großeltern
a due piani	zweistöckig
la campagna	das Land
il liceo classico	das humanistische Gymnasium
la lettera	*hier* der Buchstabe
in genere	im Allgemeinen
si sono sposati	(sie) haben geheiratet
erano	(sie) waren
innamoratissimo	sehr verliebt
lassù	da oben
lo scaffale	das Regal
arrivarci	*hier* hinkommen
avere un aspetto	aussehen
continuare	weitermachen
bisogna	man muss
il cappotto	der Mantel
si è fatto	*hier* (er) ist geworden

3 „Bitte, bitte“: Wann sagt man *prego*, wann *per piacere*?

Prego benutzt man:
- als Antwort auf „Danke“,
- als Aufforderung, z. B. jemanden hereinzulassen, etwas anzunehmen oder zu erlauben,
- als Bitte, eine Aussage zu wiederholen, die man nicht verstanden hat.

Per piacere / Per favore / Per cortesia benutzt man:
- wenn man etwas verlangt,
- wenn man um eine Gefälligkeit bittet.

Setzen Sie *prego* oder *per piacere* ein.

a Dottor Ranzi, ___________, si accomodi!
b ___________, desidera? – Due etti di mortadella, tagliata sottile sottile, ___________.
c Scusi, il conto, ___________!
d Oh, Roberto, grazie mille per l'aiuto! – ___________, non c'è di che!
e Senta, scusi? – ___________, dica!
f ___________, mi sa dire quando passa l'autobus?
g Gianni, ___________, vieni un momento qua! Mi dai una mano a spostare il tavolo?
h Ecco gli aperitivi. ___________, servitevi pure!
i Che ore sono, ___________?
j ___________? Non ho capito.
k Per me, un caffè macchiato, ___________.
l Mi passi il sale, ___________? – ___________!
m Signori, ___________, da questa parte!
n Bambini, ___________, fate silenzio. La nonna sta dormendo.

accomodarsi	Platz nehmen
desiderare	wünschen
l'etto	100 Gramm
tagliata sottile sottile	sehr dünn geschnitten
non c'è di che	nichts zu danken
passare	*hier* kommen

dare una mano (a)	helfen, behilflich sein
spostare	umstellen
servitevi pure	bedient euch ruhig
passare	*hier* reichen
da questa parte	hier entlang
fare silenzio	still sein
la nonna	die Oma
sta dormendo	(sie) schläft gerade

4 Immer wieder *in* und *a*!

Wie übersetzt man eigentlich *in*? Und *a*? Hier einige Möglichkeiten:

		Italienisch	**Deutsch**
Abito ***in*** *Italia,* ***a*** *Firenze.*	Ich wohne **in** Italien, **in** Florenz.	*in / a*	in
Vado ***in*** *Italia,* ***a*** *Firenze.*	Ich fahre **nach** Italien, **nach** Florenz.	*in / a*	nach
Sono ***a*** *casa.*	Ich bin **zu** Hause.	*a*	zu

Zu Präpositionen wie *in* und *a* gibt es eine Vielzahl an Regeln. Es empfiehlt sich daher in vielen Fällen, die Präpositionen einfach zusammen mit einem Verb oder mit einem Substantiv als feststehende Ausdrücke zu lernen. Wichtig ist hier vor allem eins: üben, üben und nochmals üben.

Verbinden Sie die linke mit der rechten Spalte zu sinnvollen Sätzen.

a	Da quanto tempo studi in …	1	treno, è più rilassante!
b	Non ho più soldi, devo andare in …	2	quadri o quella a righe?
c	Ho voglia di vedere un bel film. Andiamo al …	3	Natale faccio un bel viaggio.
d	Che cosa avete regalato ai …	4	Italia? Parli l'italiano benissimo!
e	Non voglio guidare. Andiamo in …	5	contanti.
f	Basta con le feste in famiglia! Quest'anno a …	6	nonni per le nozze d'oro?
g	La macchina si è rotta e quindi siamo andati a …	7	armadio dell'ingresso.
h	Le giacche sono nell'…	8	banca a prelevare.
i	Lo sai che Filippo è andato a vivere in …	9	casa, vado a dormire!
j	Mi metto la camicia a …	10	cinema stasera?
k	Sono stanchissimo! Appena arrivo a …	11	piedi.
l	Mi dispiace, qui si può pagare solo in …	12	Australia? Ha conosciuto una ragazza di Sydney.

da quanto tempo	seit wann
avere voglia	Lust haben
regalare	schenken
guidare	fahren
rompersi	kaputt gehen
quindi	also
la giacca	die Jacke
mettersi	anziehen
appena	sobald
solo	*hier* nur
a righe	gestreift
il contante	das Bargeld
le nozze d'oro	die goldene Hochzeit
l'armadio	der Schrank
l'ingresso	der Eingang
prelevare	abheben

5 *In* oder *a*? Das Ringen um die Präpositionen!

Setzen Sie die Präposition *in* oder *a* (evtl. + bestimmter Artikel) ein.

a Sabrina e Lorenzo sono andati ______ Parigi ______ aereo.
b I miei genitori si sono conosciuti ______ 1969.
c Vado ______ palestra il mercoledì e il venerdì.
d Viviamo ______ Svizzera da dieci anni.
e A che ora vai ______ ufficio?
f I bambini sono ______ salotto, stanno guardando i cartoni animati.
g ______ estate andiamo sempre ______ mare.
h Antonio, come sempre sei ______ ritardo!
i Bambini, è ora di andare ______ letto.
j Carla, mi puoi venire ______ prendere ______ stazione?
k ______ che ora ti alzi? – Di solito ______ sette sono già ______ piedi.
l Andiamo ______ piedi o prendiamo l'autobus?
m Domani non posso andare ______ corso d'italiano.
n ______ Pasqua sono stato ______ Milano da alcuni amici.
o Avevo mal di pancia e perciò non sono andato ______ scuola.
p Guarda questa gonna ______ pois, è orribile!
q Hai restituito il libro ______ Nando?
r Mio nonno è nato ______ Ischia. – Il mio, invece, è nato ______ Stati Uniti.

conoscersi	sich kennen lernen
la palestra	*hier* das Fitnessstudio
l'ufficio	das Büro
il salotto	das Wohnzimmer
i cartoni animati	der Zeichentrickfilm
l'estate, *f*	der Sommer
il ritardo	die Verspätung
è ora	es ist Zeit
la stazione	der Bahnhof
alzarsi	aufstehen
di solito	üblicherweise
avevo mal di pancia	ich hatte Bauchschmerzen
perciò	deshalb
la gonna	der Rock

il pois	der Tupfen
orribile	scheußlich
restituire	zurückgeben
il nonno	der Opa
è nato (nascere)	(er) ist geboren
invece	hingegen

6 Die ewige Frage: *è* oder *c'è*?

Erinnern Sie sich an den Hit *Laura non c'è* („Laura ist nicht da.")? *C'è* kommt vom Verb *esserci*, welches „geben", „da sein" oder einfach „sein" bedeutet. Vorsicht: *Esserci* wird oft mit *essere* (= sein) verwechselt.

In questa città ***c'è*** *una chiesa antica.*	In dieser Stadt gibt es eine alte Kirche.
Oggi ***ci sono*** *poche persone al cinema.*	Heute sind wenige Leute im Kino.
La farmacia ***è*** *lì all'angolo.*	Die Apotheke ist dort an der Ecke.

Ergänzen Sie die folgenden Erläuterungen mit *essere* oder *esserci* entsprechend der obigen Beispiele. Überprüfen Sie dann die Antworten im Lösungsschlüssel.

1 Steht die Ortsangabe vor dem Verb, wird ________ gebraucht.
2 Steht das Verb vor dem Subjekt und evtl. vor der Ortsangabe, wird ________ gebraucht.
3 Steht das Subjekt vor dem Verb und der Ortsangabe, wird ________ gebraucht.

Kreuzen Sie jetzt die richtige Form an.

a Nella mia classe ________ due ragazzi stranieri.
☐ ci sono ☐ c'è ☐ sono

b Scusi, ________ un ospedale qui nella zona?
☐ ci sono ☐ c'è ☐ è

c Rita ________ in giardino con il cane.
☐ c'è ☐ sono ☐ è

d Non ________ nessuno!
☐ è ☐ c'è ☐ sono

e I bambini ________ a scuola.
☐ ci sono ☐ c'è ☐ sono

f Le pantofole ________ sotto il letto.
☐ ci sono ☐ sono ☐ c'è

g A Napoli ________ un famoso vulcano.
☐ è ☐ c'è ☐ ci sono

h Guarda, la tazza ________ là, sul tavolo.
☐ c'è ☐ ci sono ☐ è

i ________ molte bancarelle al mercato.
☐ C'è ☐ Sono ☐ Ci sono

j ________ tanta gente in centro.
☐ C'è ☐ Ci sono ☐ Sono

k Qui ________ sempre molto da fare.
☐ ci sono ☐ c'è ☐ è

l I giardini pubblici ________ vicino al fiume.
☐ sono ☐ ci sono ☐ è

l'ospedale, *m*	das Krankenhaus
nessuno	niemand
la pantofola	der Hausschuh
sotto il letto	unter dem Bett
il vulcano	der Vulkan
la bancarella	der Verkaufsstand
molto da fare	viel zu tun
i giardini pubblici	der öffentliche Park
vicino al fiume	neben dem Fluss

7 *Giocare* und andere Spielereien ...

Beachten Sie die folgenden Unterschiede im Italienischen:
- ein Spiel / einen Sport spielen → *giocare*
- Musik spielen → *suonare*
- im Theater / Kino / Fernsehen (mit)spielen → *recitare*

Ergänzen Sie mit *giocare, suonare* oder *recitare*. Verwenden Sie dabei die Zeitform, die rechts angegeben ist.

a	Davide __________ la chitarra elettronica in una band.	presente
b	Vi va di __________ a carte?	infinito
	– No, dai, __________ a scacchi!	presente
c	Il violinista Uto Ughi __________ in tutto il mondo con le più rinomate orchestre.	passato prossimo
d	Mio figlio __________ a pallavolo in una squadra.	presente
e	Un'iniziativa per i giovani: un'orchestra sinfonica __________ Mozart in discoteca!	passato prossimo
f	Vittorio Gassman __________ in più di cento film.	passato prossimo
g	Federica ama __________ Bach.	infinito
h	So __________ il pianoforte e il flauto.	infinito
i	Purtroppo Lorenzo e Valeria non sanno __________ a tennis.	infinito
j	Sophia Loren __________ insieme a Marcello Mastroianni.	passato prossimo
k	Luca Toni __________ nel Bayern München come attaccante.	presente
l	Che fanno i bambini? – __________ a mosca cieca in giardino.	presente

la chitarra elettronica	die E-Gitarre
Vi va?	Habt ihr Lust?
gli scacchi	das Schachspiel
il violinista	der Geiger
Uto Ughi	*Geiger (*1944)*
rinomato	renommiert
la pallavolo	der Volleyball

la squadra	die Mannschaft
l'iniziativa	die Initiative
l'orchestra sinfonica	das Symphonieorchester
Vittorio Gassman	*Schauspieler und Regisseur (1922–2000)*
il pianoforte	das Klavier
il flauto	die Flöte
Sophia Loren	*Schauspielerin (*1934)*
Marcello Mastroianni	*Schauspieler (1924–1996)*
Luca Toni	*Fußballspieler (*1977)*
l'attaccante, *m*	der Stürmer
(la) mosca cieca	Blindekuh

8 „Gehen", „fahren", „fliegen": *Volare, oh, oh!*

Im Italienischen unterscheidet man im Allgemeinen nicht zwischen „gehen" und „fahren". Für beides wird *andare* verwendet. Will man die Art und Weise von „gehen" näher beschreiben, dann erweitert man *andare*:
gehen → *andare, andare a piedi* (zu Fuß)
fahren → *andare, andare in auto / con l'auto* (mit dem Auto) usw.
Für „fahren" gibt es noch zwei weitere Verben im Italienischen:
(einen Wagen) fahren → *guidare* fahren (= verreisen) → *viaggiare*
Beachten Sie auch die verschiedenen Formen des Verbs „fliegen":
fliegen (als Art der Bewegung) → *volare*
fliegen (= mit dem Flugzeug fahren) → *andare in aereo / prendere l'aereo*

Übersetzen Sie.

a Dieses Mal fahren wir mit der Bahn.
Questa volta andiamo in treno

b Wann gehen die Kinder zur Schule?
Quando vanno a scuola i bambini

c Ich bin in Paris gewesen. – Bist du geflogen?
Sono stato a Parigi, Hai preso l'aereo

d Heute gehe ich zu Fuß.
Oggi vado a piedi

e Marco fährt beruflich jede Woche nach Rom.
Marco va a Roma per lavoro

f Wollen wir zu Fuß gehen oder mit dem Bus fahren?
Vogliamo andare a piedi o con l'autobus

g Das Flugzeug fliegt in geringer Höhe.
L'aereo vola a bassa quota

h Sie sind mit dem Zug nach Florenz gefahren.
Sono andati a Firenze in treno

i Ich habe 1999 Auto fahren gelernt.
Ho imparato a guidare nel 1999

j Ich fahre jeden Tag Fahrrad.
Vado in bicicletta ogni giorno

k Die Bienen fliegen von Blume zu Blume.
le api volano di fiore in fiore

l Elena und Walter sind mit dem Schiff nach Sizilien gefahren.
Elena + W. sono andati in Sicilia in nave

m Ich bin noch nie Trambahn gefahren.
Non sono mai andata in treno

questa volta	dieses Mal
il treno	*hier* die Bahn
per lavoro	beruflich
ogni settimana	jede Woche
a bassa quota	in geringer Höhe
l'ape, *f*	die Biene
di fiore in fiore	von Blume zu Blume
non … mai	nie

9 Gefälliges: *Mi piace studiare l'italiano!*

Mit Hilfe der Verben *piacere* (= mögen / gefallen), *amare* (= lieben), *preferire* (= bevorzugen), *odiare* (= hassen) und *detestare* (= nicht ausstehen können) lassen sich im Italienischen Vorlieben ausdrücken. *Piacere* kann allerdings auch mit „schmecken" übersetzt werden. Und nicht vergessen: *piacere* steht dabei in der Regel in der 3. Person, im Singular wie im Plural.

Verbinden Sie zunächst die deutschen Sätze mit ihren italienischen Entsprechungen. Vervollständigen Sie dann die italienischen Sätze mit den dazugehörigen Verben.

a	Ich liebe Musik, insbesondere klassische Musik.	1	Mio padre odia l'opera. La trova noiosa.
b	Meinen Freunden gefällt es zu singen und zu tanzen.	2	Questo dolce è squisito! – Davvero? Ti piace?
c	Na, wie schmecken euch die Rouladen?	3	detesta la gente intrigante e falsa!
d	Ich bevorzuge kurze Nudeln.	4	detesto il fumo!
e	Mein Vater hasst die Oper. Er findet sie langweilig.	5	preferisco la pasta corta.
f	Wir lieben Moderne Kunst. Wir besuchen jede Ausstellung.	6	Odio i film gialli. – E perché?
g	Ich kann Rauchen nicht ausstehen!	7	Guarda questo quadro. Ti piace?
h	Dieser Kuchen ist köstlich! – Wirklich? Schmeckt er dir?	8	Ai miei amici piace cantare e ballare.
i	Ich mag italienische und spanische Weine sehr. Und du?	9	E allora, vi piaciono gli involtini?
j	Ich hasse Krimis. – Und warum?	10	amo la musica, specialmente la musica classica.
k	Sie kann intrigante und falsche Leute nicht ausstehen.	11	amiamo l'arte contemporanea. Andiamo a tutte le mostre.
l	Schau dir das Bild an. Wie gefällt es dir?	12	A me piaciono molto i vini italiani e quelli spagnoli. E a te?

Achtung! Vielleicht ist es Ihnen aufgefallen: „Wie gefällt es dir?" heißt immer nur *Ti piace*? (und nicht ~~*come*~~ *ti piace*).

10 Gegenteiliges: *„Il buono, il brutto, il cattivo“*

„Il buono, il brutto, il cattivo" heißt ein berühmter Western von Sergio Leone. *Buono* und *cattivo* sind dabei gleichzeitig Adjektive und Gegensatzwörter. Wie lautet nun das Gegenteil von *brutto*? Finden Sie dies und andere Gegenteile in der nächsten Übung heraus: *un cruciverba*!

Tragen Sie in das *cruciverba* jeweils das Gegensatzwort des kursiven Adjektivs ein.

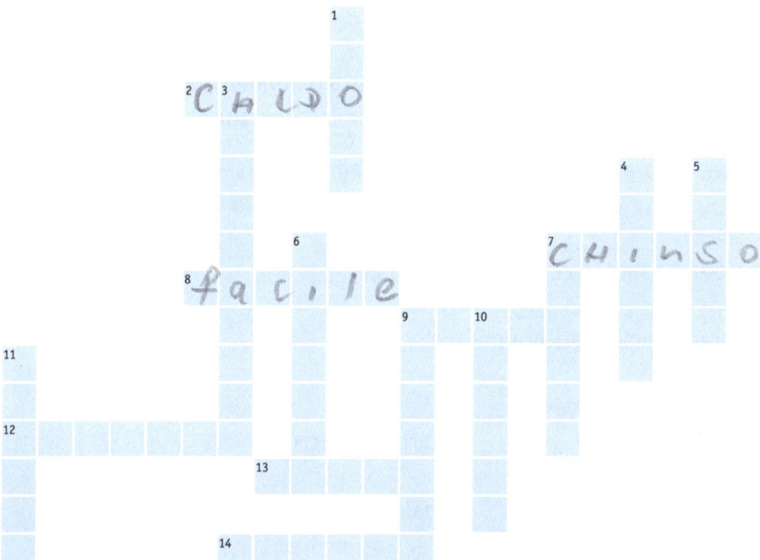

Orizzontali

2 un caffè *freddo*
7 un negozio *aperto*
8 un esercizio *difficile*
9 degli studenti *diligenti*
12 un tavolo *pesante*
13 un uomo *brutto*
14 una stanza *pulita*

Verticali

1 una giacca *vecchia*
3 un bambino *simpatico*
4 dei libri *interessanti*
5 dei ragazzi *alti*
6 una signora *anziana*
7 dei colori *scuri*
9 una casa *grande*
10 delle ragazze *magre*
11 una macchina *lenta*

11 Männlich oder weiblich: Endungen voller „Bedeutung"

Die italienischen Substantive sind entweder männlich oder weiblich. Es gibt aber auch Substantive, die sowohl eine männliche als auch eine weibliche Form besitzen:

1 Die meisten dieser Substantive weisen dieselbe Grundbedeutung auf, z. B. *il commess**o*** (der Verkäufer) und *la commess**a*** (die Verkäuferin).
2 Einige jedoch haben unterschiedliche Bedeutungen, z. B. *il gamb**o*** (der Stiel) und *la gamb**a*** (das Bein).

Um Letztere geht es in der folgenden Übung.

Vervollständigen Sie die Sätze mit den unten stehenden Substantiven und geben Sie dazu rechts die passende deutsche Übersetzung an.

posta ~~casa~~ banco coperta cassetta porto cassetto posto foglie
coperto porta caso banca fogli

a Fabio e Sandra hanno comprato una *casa* al mare. — *Haus*
b Quest'estate siamo stati in un ______ bellissimo! — ______
c Per piacere, puoi chiudere la ______ ? — ______
d Scusi, mi dà tre ______ di carta da lettere, per cortesia? — ______
e Andiamo in Sicilia con la nave. Partiamo dal ______ di Napoli. — ______
f Devo andare in ______ per fare un bonifico. — ______
g Nei ristoranti italiani il ______ si paga a parte. — ______
h Il libro d'italiano è nel ______ della scrivania. — ______
i In Italia, nei bar, si può consumare in piedi al ______ o seduti al tavolo. — ______
j Ho comprato una ______ di mele. — ______
k In autunno molti alberi perdono le ______ . — ______
l Senti, ho freddo! Mi prendi un'altra ______ , per favore? — ______
m Ieri, per puro ______ , ho incontrato Bea! – Ah, sì? E dove? — ______
n Signorina, ha già spedito la ______ ? — ______

la carta da lettere	das Briefpapier
la nave	das Schiff
partire	abfahren
il bonifico	die Überweisung
a parte	getrennt
la scrivania	der Schreibtisch
consumare	verzehren
in piedi	stehend
seduto	sitzend
la mela	der Apfel
l'autunno	der Herbst
l'albero	der Baum
perdere	verlieren
ho freddo	mir ist kalt
prendere	*hier* holen
puro	pur, rein
incontrare	treffen
spedire	verschicken

12 Gewichtiges um „schwer" und „leicht"

Für die Adjektive „schwer" und „leicht" gibt es im Italienischen verschiedene Wörter:

pesante → „schwer" im Sinne von „schwer wiegend, dick / warm, schwer verdaulich"
difficile → „schwer" im Sinne von „schwierig"

leggero → „leicht" im Sinne von „geringes Gewicht, nicht dick, leicht verdaulich"
facile → „leicht" im Sinne von „einfach"

Setzen Sie *pesante, difficile, leggero* oder *facile* (mit der richtigen Endung) ein.

A: antonia.b@libero.it
Cc:
Oggetto: novità

Arial 10 G C S

Ciao, bella! Come va?
Qui da noi fa un freddo cane! Ho già tirato fuori tutti i maglioni __________ .
E tutti i bei vestiti estivi, quelli __________ (e sexy!), non li potrò mettere per un bel pezzo!
Sai, mi sono trasferita. Adesso abito con due amiche. Alcuni ragazzi ci hanno aiutato per il trasloco: i "maschi" hanno portato le cose più grandi e __________ , noi ragazze invece gli oggetti più piccoli e __________ .
All'università ho cominciato a studiare il tedesco. È una bella lingua, ma un po' __________ , soprattutto la grammatica con i casi come in latino. La grammatica inglese è molto più __________ !
Indovina chi ho invitato a cena sabato prossimo? Enrico, il bello! Ho pensato di fare le lasagne. Che dici, vanno bene? O sono troppo __________ a cena?
Mm, forse è meglio preparare un piatto più __________ e semmai … esotico.
Ma che cosa? Aiutami, ti prego!!
Un bacio, Isabella

fa un freddo cane	es herrscht eine Hundskälte
tirare fuori	herausholen
i vestiti estivi	die sommerlichen Kleider
potrò mettere	ich werde anziehen können
un bel pezzo	eine Weile
trasferirsi	umziehen
il trasloco	der Umzug
soprattutto	vor allem
indovinare	raten
meglio	besser
semmai	eventuell
aiutami	hilf mir

13 Aufgepasst bei *lo* und *la*: Artikel oder Pronomen?

Lo und *la* können als Artikel (der, die, das) und als Pronomen (ihn, sie, es) benutzt werden. Im Deutschen gibt es für *lo* und *la* jeweils mehrere Entsprechungen.

Zwei Beispiele:

*Mangia **la** pizza!* (Artikel)	Iss **die** Pizza!
*Non **la** voglio mangiare.* (Pronomen)	Ich will **sie** nicht essen.

Übersetzen Sie.

a Die Aufführung ist sehr schön gewesen.

b Die Videothek an der Ecke ist gut ausgestattet.

c Das Fahrrad ist kaputt. Ich muss es reparieren.

d Kennst du Maria? – Ja, ich kenne sie.

e Ich weiß es nicht.

f Patrizia ist krank. Wir müssen sie anrufen.

g Ich liebe Fisch. Ich esse ihn einmal die Woche.

h Wie war das Fest?

i Die Tür ist offen. Machst du sie bitte zu?

j Wo ist Vati? Ich warte auf ihn seit zwei Stunden.

k Haben Sie den Brief schon verschickt? – Ich verschicke ihn sofort!

l Mm, Eis mit Kaffeegeschmack! Ich möchte es probieren!

m Habt ihr diesen Film schon gesehen? – Nein, wir haben ihn noch nicht gesehen.

n Magst du Fleisch? – Ja, aber ich esse es selten.

spettacolo	Aufführung
videoteca	Videothek
all'angolo	an der Ecke
ben fornito	gut ausgestattet
rotto	kaputt
malato	krank
dovere	müssen
chiamare	anrufen
una volta alla settimana	einmal die Woche
porta	Tür
aspettare	warten
da due ore	seit zwei Stunden
spedire	verschicken
al caffè	mit Kaffeegeschmack
voglio	*hier* ich möchte
vedere (visto)	sehen (gesehen)
non ... ancora	noch nicht
carne	Fleisch
raramente	selten

14 Mit oder ohne *-mente? Una regola facile si usa facilmente!*

Das Adjektiv *facile* und das Adverb *facilmente* werden im Deutschen beide mit „einfach" übersetzt. Doch wann benutzt man das Adjektiv und wann das Adverb? Die „einfachste" Regel ist: Benutzen Sie nie die *-mente*-Form, wenn Sie sich auf ein Substantiv (Hauptwort) oder auf eine Person beziehen.

Verbinden Sie die linke mit der rechten Spalte zu sinnvollen Sätzen. Ergänzen Sie dabei die markierten Wörter mit der passenden Adjektivendung *-o, -a, -i, -e* bzw. Adverbendung *-(a)mente*.

a Emilia è una persona …
b È **ver**______ la storia che …
c Stiamo lavorando a un progetto …
d Scusi, ci sa dire **gentil**______ …
e Per piacere, puoi camminare …
f A Vito per il suo compleanno …
g Amo i frutti di mare, …
h Saverio conosce **perfett**______ …
i Bravo! Il tuo compito di matematica …
j Perché non mi innamoro mai …
k Oggi mi sento **ver**______ …
l Sono stressato, ho bisogno di …

1 voglio fare un regalo **special**______ .
2 **estrem**amente disponibile.
3 dove si trova il duomo?
4 di uomini **gentil**______ ?
5 più **lent**______ ? Sono stanco!
6 in forma!
7 è **perfett**______ !
8 un luogo **tranquill**______ per riposarmi!
9 ha raccontato Cinzia ieri?
10 **particolar**______ impegnativo.
11 l'inglese, il francese e il tedesco.
12 mi piacciono **special**______ le cozze!

la storia	die Geschichte
camminare	laufen
il compleanno	der Geburtstag
i frutti di mare	die Meeresfrüchte
conoscere	*hier* können
il compito	*hier* die Arbeit
innamorarsi (di)	sich verlieben (in)
sentirsi	sich fühlen
avere bisogno di	brauchen
il regalo	das Geschenk
disponibile	hilfsbereit
trovarsi	sich befinden
stanco	müde
riposarsi	sich ausruhen
raccontare	erzählen
impegnativo	anspruchsvoll
le cozze	die Miesmuscheln

15 Präpositionen: *Qualcosa "di" nuovo "da" imparare ...*

Die Präpositionen *di* und *da* werden oft verwechselt, da beide auf Deutsch unter anderem sowohl „von" als auch „aus" bedeuten können. Ein Beispiel:

*Sono **di** Milano.*	Ich bin **aus** Mailand.
*Vengo **da** Milano.*	Ich komme **aus** Mailand.

Unterscheiden Sie in der nächsten Übung *di* und *da* also ganz genau.

Bringen Sie die Wörter in die richtige Reihenfolge.

a chiama il di ragazzo Olga si Franco

b la da giacca è in letto camera

c di non c'è fare niente bello da

d Rita ha pullover cotone comprato un di

e d' sciare a inverno vado

f veniamo Madrid noi da

g andare parrucchiere devo dal

h di sono Piacenza loro

i sera amici usciamo di con gli

j un vorrei bicchiere vino di bianco

k aspetto ora l'autobus un' da

l da dieta comincio la lunedì

m dal mio dormo amico stasera

Welche Entsprechungen gibt es im Deutschen für *di*? Welche für *da*?

chiamarsi	heißen
il ragazzo	*hier* der Freund
la camera	das Zimmer
la giacca	die Jacke
il cotone	die Baumwolle
sciare	Ski fahren
l'inverno	der Winter
il parrucchiere	der Friseur
uscire	ausgehen
il bicchiere	das Glas
aspettare	warten
la dieta	die Diät
cominciare	anfangen, beginnen
il lunedì	der Montag
dormire	*hier* übernachten

16 *Di* oder *da*? *Forza e coraggio!*

Nun sollen Sie selbst entscheiden, welche Präposition besser passt: *di* oder *da*?

Setzen Sie die Präposition *di* oder *da* (evtl. + bestimmter Artikel) ein.

a Per andare a New York abbiamo preso l'aereo ______ Roma.
b In biblioteca ho incontrato la figlia ______ signor Pepe.
c Sono inciampata mentre scendevo ______ macchina.
d Dov'è Fabrizio? – ______ Michele.
e ______ mattina vado sempre a correre nel parco.
f Ieri sono andato ______ avvocato.
g Il corso d'italiano dura ______ 18.00 alle 21.00.
h Mi serve un paio di scarpe ______ ginnastica.
i Liana legge romanzi e libri ______ avventura.
j Non ho più niente ______ dire.
k ______ dove sono Veronica e Marta?
l Il mio fidanzato mi ha regalato un paio di orecchini ______ perle.
m E basta, adesso! Stai guardando la televisione ______ tre ore.
n Tre etti ______ mortadella, per piacere!
o La camera ______ pranzo è molto spaziosa.
p Hai finito ______ studiare?

Forza e coraggio!	Vorwärts, nur Mut!
prendere (preso)	nehmen
la figlia	die Tochter
inciampare	stolpern
scendere	aussteigen
l'avvocato	der Rechtsanwalt
servire	*hier* brauchen
il paio	das Paar
il romanzo	der Roman
l'avventura	das Abenteuer
il fidanzato	der Verlobte
l'orecchino	der Ohrring
l'etto	100 Gramm
spazioso	geräumig
finire	*hier* fertig sein

17 Alles bewegt sich: *Giro, girotondo, giro intorno al mondo*

Nun dreht sich alles um die Verben der Bewegung (*girare, tornare, saltare* usw.). Ein Kinderspiel? Nicht ganz: Achten Sie auf das Verb *girare*, es kann im Deutschen verschiedene Bedeutungen haben: drehen, abbiegen, (her)umlaufen/-fahren/-gehen, ablaufen.

Ergänzen Sie mit den unten stehenden Verben. Verwenden Sie dabei die Zeitform, die rechts angegeben ist.

girare (4×) tornare (2×) camminare (2×) attraversare proseguire correre saltare

a Gaia, allora, tuo figlio ________________ ? – No, gattona ancora. — presente

b Quando vai a ________________ ? – In genere la mattina presto. — infinito

c Per trovare il regalo giusto per Francesco (io) ________________ tutta la città! — passato prossimo

d Quando (voi) ________________ ? – Verso mezzanotte. — presente

e Il cane ha cominciato ad abbaiare, mi sono spaventata e ________________ sul tavolo! — passato prossimo

f	Al semaforo deve ________________ a destra.	infinito
g	Mentre (io) ________________ la strada, si sono rotte le buste della spesa!	imperfetto
h	Siamo già stati a Roma tante volte, ma ci ________________ sempre volentieri.	presente
i	Puoi ________________ un po' il televisore? Non vedo niente.	infinito
j	Lei deve ________________ fino al prossimo incrocio.	infinito
k	Prendiamo la macchina? – No, io preferisco ________________ .	infinito
l	Siamo stati in Sardegna. ________________ tutta l'isola in moto!	passato prossimo

girotondo	Ringelreihen
tornare	*hier* zurückkommen, wieder fahren
camminare	laufen
attraversare	überqueren, hinübergehen
proseguire	weitergehen, weiterfahren
correre	laufen, rennen
saltare	springen
gattonare	krabbeln
il regalo giusto	das richtige Geschenk
la mezzanotte	(die) Mitternacht
il cane	der Hund
abbaiare	bellen
spaventarsi	erschrecken
il semaforo	die Ampel
rompersi	kaputt gehen
la busta della spesa	die Einkaufstasche
il prossimo incrocio	die nächste Kreuzung
prendere	nehmen
l'isola	die Insel

18 „Besuchen" ist nicht immer *visitare*

Das deutsche Verb „besuchen" heißt im Italienischen nicht nur *visitare*, sondern hat je nach Kontext mehrere Entsprechungen:

(jemanden) besuchen	→	*andare / venire a trovare, fare visita a*
(einen Ort, ein Museum etc.) besuchen	→	*visitare*
(eine Veranstaltung u. ä.) besuchen	→	*assistere a, andare*
(die Schule u. ä.) besuchen	→	*frequentare*

Kreuzen Sie die richtige Form an.

a Domenica ____ mia zia in ospedale.
- ☐ abbiamo fatto visita a
- ☐ siamo venuti a trovare

b Voglio ____ la Galleria Borghese.
- ☐ visitare
- ☐ frequentare

c ____ un corso d'italiano all'Istituto di Cultura.
- ☐ Visito
- ☐ Frequento

d Quando mi ____ ?
- ☐ visitate
- ☐ venite a trovare

e Ugo ____ un amico a Vicenza.
- ☐ è andato a trovare
- ☐ è venuto a trovare

f Mia figlia ____ la quinta elementare.
- ☐ visita
- ☐ frequenta

g Ieri ____ a una manifestazione musicale.
- ☐ hanno fatto visita
- ☐ sono andati

h Questo semestre ____ solo due corsi.
- ☐ visito
- ☐ frequento

i Lo scorso fine settimana ____ il duomo di Monreale.
- ☐ abbiamo visitato
- ☐ abbiamo frequentato

j Non ho potuto ____ allo spettacolo.
- ☐ fare visita
- ☐ assistere

k Sono andato in Inghilterra per ____ Londra e dintorni.
- ☐ visitare
- ☐ andare a trovare

l Lia ____ i nonni ogni mese.
- ☐ visita
- ☐ va a trovare

la domenica	der Sonntag
la zia	die Tante
l'ospedale	das Krankenhaus
la Galleria Borghese	*Museum in Rom*
l'Istituto di Cultura	das Kulturinstitut
la quinta elementare	die 5. Klasse
la manifestazione	die Veranstaltung
il semestre	das Semester
lo scorso fine settimana	letztes Wochenende
il duomo di Monreale	*Dom in Sizilien*
lo spettacolo	die Aufführung
i dintorni	die Umgebung
i nonni	die Großeltern
ogni	jede
il mese	der Monat

19 Wer kann, der kann: *potere* und *sapere*

Die Verben *potere* und *sapere* bedeuten im Deutschen beide „können". Beachten Sie: *potere* drückt immer die Möglichkeit oder eine Erlaubnis etwas zu tun aus, *sapere* hingegen die besondere Fähigkeit etwas zu tun.

Bilden Sie Sätze mit *potere* oder *sapere* (im Präsens) und den jeweils angegebenen Elementen.

a (io) il usare cellulare? Tuo
Posso usare il tuo cellulare?

b io tu? lavorare e a maglia, non
______

c (tu) a dama? giocare

---

d (io) oggi perché giocare a ho non non tennis tempo

---

e Lara molto cucinare bene

---

f perciò devo studiare e ti non aiutare

---

g Wanda non cucire ricamare e nemmeno

---

h nei pubblici si non luoghi fumare

---

i scusi, la per porta, chiudere piacere?

---

j (voi) non c'è stato perché un incidente passare

---

k (io) mamma, stasera? con Giovanni uscire

---

l la chitarra? Marco, suonare

---

il cellulare	das Handy
lavorare a maglia	stricken
la dama	das Damespiel
cucinare	kochen
perciò	deshalb
cucire	nähen
ricamare	sticken
nemmeno	auch nicht
pubblico	öffentlich
il luogo	*hier* der Raum
l'incidente	der Unfall
passare	*hier* durchfahren
uscire	ausgehen
suonare	spielen

20 Gegensätze ziehen sich an: Adverbien

Hier üben Sie wichtige und häufig gebrauchte Adverbien in Form von Gegensatzpaaren.

Tragen Sie in das *cruciverba* das fehlende Gegensatzwort der in kursiv gesetzten Adverbien ein.

Orizzontali

4 Oggi non ho mangiato *molto*, anzi ho mangiato ______ .
6 Tina non parla *mai*, Rosa invece parla ______ .
8 Franco non fuma *spesso*, lui fuma ______ .
9 Se non va *meglio*, allora va ______ .
10 Se non sta *dentro*, allora sta ______ .
11 Non è *vicino*, quindi è ______ .

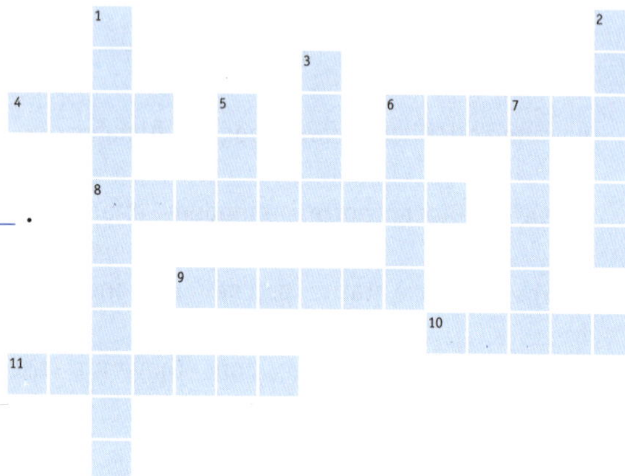

Verticali

1 Teo *forse* non viene. Paolo, invece, viene ______ .
2 Il giardino non è *davanti*, è ______ .
3 Non mi sento *male*, anzi mi sento ______ .
5 La tua penna non è *là*, è ______ !
6 Dove devo firmare, *sopra* o ______ ?
7 ______ o *tardi* scoprirai la verità.

anzi	im Gegenteil
invece	hingegen
la penna	der Kugelschreiber
firmare	unterschreiben
scoprirai	du wirst entdecken
la verità	die Wahrheit

21 Ordnung ist das halbe Leben! – Ab in den Behälter!

Es gibt im Italienischen eine große Auswahl an Bezeichnungen für Behälter. Einige davon haben zudem Mehrfachbedeutungen. So bedeutet *barattolo* je nach Kontext „Dose“, „Büchse“ oder „Glas“; *scatola* kann je nachdem „Schachtel“, „Packung“, „Dose“ oder „Büchse“ heißen. Es ist also wichtig, den Behälter und den Inhalt zusammen zu lernen: *un barattolo di marmellata*.

Tragen Sie die unten stehenden Wörter in das richtige Feld ein (Mehrfachnennungen sind möglich).

aranciata liquori vernice ricotta pasta sottaceti fogli riso
caramelle fiammiferi piselli cioccolatini pastelli biscotti
salsa di pomodoro miele pepe olio vino rum ~~birra~~ sigarette
tonno panna burro maionese

una lattina di	*birra*
una confezione di	
un pacco di	
una scatola di	
un barattolo di	
una bottiglia di	
un pacchetto di	

la lattina	die Dose
la confezione	die Packung
il pacco	der Pack
la bottiglia	die Flasche
il pacchetto	das Päckchen
l'aranciata	die Orangenlimonade
la vernice	die Farbe, der Lack
la ricotta	*ital. Frischkäse*
i sottaceti	das Essiggemüse
il foglio	das (Papier-)Blatt
la caramella	das Bonbon
il fiammifero	das Streichholz
il pisello	die Erbse
il pastello	der Farbstift
il miele	der Honig
il pepe	der Pfeffer
il tonno	der Thunfisch
la panna	die Sahne

22 Wie viele sind einige? Die unbestimmte Menge im Italienischen

Eine unbestimmte Menge wird im Italienischen mit *qualche, alcuni / alcune* oder *di* + Artikel (*del, delle, degli* usw.) ausgedrückt. Im Deutschen gibt es dafür das Wort „einige" als direkte Entsprechung; häufig allerdings steht das Hauptwort allein.

Zum Beispiel:

*Ho comprato **qualche** mela / **alcune** mele / **delle** mele.*	Ich habe **einige** Äpfel / <u>Äpfel</u> gekauft.
*Ho comprato **del** pane.* (nicht ~~*qualche pane*~~*!*)	Ich habe <u>Brot</u> gekauft.

Lernen Sie aus den obigen Beispielen und streichen Sie die unpassenden Bezeichnungen.

1 Bei Hauptwörtern im Plural verwendet man:
qualche | *alcuni* und *alcune* | *di* + Artikel

2 Bei Hauptwörtern im Singular verwendet man:
qualche | *alcuni* und *alcune*

3 Bei Sammelnamen im Singular verwendet man:
alcuni und *alcune* | *di* + Artikel

Vervollständigen Sie die Sätze mit den unten stehenden Angaben.

qualche alcuni dello della alcune dell' del qualche qualche della alcune

a Mi serve ________ spumante per preparare l'aperitivo.
b Ieri al mercato ho comprato ________ frutta e ________ verdura di stagione.
c ________ volte Pasquale si comporta in modo davvero strano!
d ________ volta Beatrice e io giochiamo a ping-pong.
e Alla festa abbiamo bevuto ________ vino squisito!
f Quando siete stati in Australia? – ________ anno fa!
g ________ anni fa abbiamo fatto una crociera nel Mediterraneo.
h A casa della nonna ho mangiato solo ________ insalata.
i L'estate scorsa sono venute a trovarmi ________ amiche.
j Tra ________ minuto comincia la partita!

lo spumante	der Sekt
la volta	das (eine) Mal
comportarsi in modo davvero strano	sich echt komisch benehmen
squisito	köstlich
fa	*hier* vor
la crociera	die Kreuzfahrt
il Mediterraneo	das Mittelmeer
scorso	letzt(er, e, es)
cominciare	beginnen
la partita	das Spiel

23 Die Formen *gli* und *le*: Artikel oder Pronomen

Die Wörtchen *gli* und *le* können auf zweierlei Weise benutzt werden: als Artikel im Plural („die") und als Pronomen („ihm, ihnen, ihr …"). Im Deutschen gibt es für *gli* und *le* mehrere Übersetzungsmöglichkeiten. Manchmal kann eine Entsprechung aber auch entfallen. Dazu folgende Beispiele:

*Mangia **gli** spaghetti!* (Artikel)	Iss **die** Spaghetti!
***Gli** devo dare dei soldi.* (Pronomen)	Ich muss **ihm** / **ihnen** Geld geben.
*Mi piacciono **le** albicocche.* (Artikel)	Ich mag Aprikosen.

Übersetzen Sie.

a Die Freunde von Francesco sind sehr sympathisch.

b Kannst du mir bitte die Schlüssel geben?

c Du musst ihm die Wahrheit sagen!

d Hast du die Miesmuscheln gekauft?

e Hast du Paola und Gigi angerufen? – Nein, ich habe Ihnen eine E-Mail geschrieben.

f Nora trägt immer Stiefel.

g Gefallen dir Sportwagen?

h Ich wollte Sie um einen Gefallen bitten.

i Hast du Vincenzo gesehen? – Nein, ich habe ihm aber eine SMS geschickt.

j Bernardo glaubt ihr nicht.

k Wann hat er mit ihm telefoniert?

l Ich habe ihr die 100 Euro zurückgegeben.

m Die Töpfe stehen in der Anrichte.

n Ich mag Zucchini.

la chiave	der Schlüssel
dovere	müssen
la verità	die Wahrheit
le cozze	die Miesmuscheln
portare	tragen
lo stivale	der Stiefel
la macchina sportiva	der Sportwagen
volevo	ich wollte
chiedere un piacere	um einen Gefallen bitten
l'SMS (esse emme esse)	die SMS
mandare	schicken
credere	glauben
restituire	zurückgeben
la pentola	der Topf
stare	stehen
la credenza	die Anrichte

24 Ende gut, alles gut: *buono* oder *bene*?

Auf dieser Seite geht es ausschließlich um *buono* und *bene*: Denn beide können im Deutschen „gut" bedeuten. Wann aber benutzt man nun *buono* und wann *bene*? Dazu folgende Tipps:

- Benutzen Sie das Adjektiv *buono* (und seine Formen), wenn „gut" sich auf Hauptwörter oder Personen bezieht.
- Benutzen Sie das Adverb *bene*, wenn „gut" sich nicht auf Hauptwörter oder Personen bezieht.

Verbinden Sie die linke mit der rechten Spalte zu sinnvollen Mini-Dialogen. Ergänzen Sie dabei die Sätze mit *buono* (in der richtigen Form) oder mit *bene.*

a Finalmente ho trovato il coraggio di lasciare Renzo!
b Oggi non mi sento molto ________ .
c Conosci Giacomo?
d Ho bisogno di un ________ dermatologo per mio figlio, che ha l'acne.
e Cecilia, ti voglio ________ !
f Come mi sta questa gonna?
g Ho ricevuto una ________ offerta di lavoro!
h Allora, signora, Le vanno ________ le scarpe?
i Come sono i tortellini?
j Franco è un uomo ________ e sensibile.

1 Anch'io ti amo tanto!
2 Sì, è un ________ amico di mio fratello.
3 Veramente, no. Mi vanno un po' strette!
4 Mi fa piacere! E che fai, l'accetti?
5 Brava, hai fatto proprio ________ ! Non era il ragazzo adatto a te.
6 Sono ________ . Il ripieno è di carne, vero?
7 Oh, mi dispiace!
8 Secondo me, invece, è troppo ingenuo!
9 Ti sta ________ ! Dove l'hai comprata?
10 Io ne conosco uno molto bravo. Ha lo studio in Via Cavour.

il coraggio	der Mut
lasciare	*hier* verlassen
sentirsi	sich fühlen
il dermatologo	der Hautarzt
la gonna	der Rock
l'offerta di lavoro	das Jobangebot
andare	*hier* passen
stretto	eng
accettare	annehmen
adatto	geeignet
il ripieno	die Füllung
secondo me	meiner Meinung nach
ingenuo	naiv
ne conosco uno	ich kenne einen
lo studio	*hier* die Praxis

25 *Per* und *tra / fra:* Nicht alle Präpositionen sind eine harte Nuss!

Hier üben Sie nun die Präpositionen *per* und *tra / fra*. Ein Beispiel:

*Detto **tra** noi, **per** te farei questo e altro!*	**Unter** uns gesagt, **für** dich würde ich alles das und noch mehr tun!

Das sind aber nicht die einzigen Anwendungsmöglichkeiten von *per* und *tra / fra*. Mehr erfahren Sie in der Übung.

Setzen Sie *per* oder *tra / fra* ein.

a Oggi sono andata al centro commerciale a fare compere: ______ me ho comprato un paio di orecchini, ______ la mia amica invece ho preso una bella collana!
b Tiberio è partito ______ New York.
c Sono stato malato ______ due settimane!
d Quando finisce il film? – ______ un'ora.
e Ho ritrovato il ciuccio del bambino nascosto nel cassetto ______ la biancheria.
f La spedizione dovrebbe arrivare ______ mercoledì.
g Cara, stasera torno ______ le otto.
h Voglio andare all'università, in segreteria, ______ informarmi sui corsi.
i Alla cena a casa di Melania, ero seduta ______ Roberto e Cesare.
j Le inviamo la conferma ______ e-mail.
k ______ tante macchine parcheggiate in divieto di sosta il vigile ha fatto la multa solo a me!
l Ho frequentato un corso d'italiano ______ due anni, ma poi purtroppo, ______ motivi di lavoro, ho dovuto smettere.
m ______ Pasqua torniamo a casa.
n La macelleria si trova ______ la profumeria e il bar.

Welche Entsprechungen gibt es im Deutschen für *per*? Welche für *tra / fra*?

il centro commerciale	das Einkaufszentrum
fare compere	Einkäufe machen
l'orecchino	der Ohrring
la collana	die Halskette
ritrovare	wiederfinden
il ciuccio	der Schnuller
nascosto	versteckt
il cassetto	die Schublade
la biancheria	die Wäsche
la spedizione	die Sendung
la segreteria	das Sekretariat
inviare	senden
la conferma	die Bestätigung
il divieto di sosta	das Parkverbot
il vigile	der Verkehrspolizist
la multa	die Geldstrafe
il motivo	der Grund
smettere	aufhören
(la) Pasqua	Ostern
la macelleria	die Metzgerei
la profumeria	die Parfümerie

26 *Essere* und *avere*: das Duell!

Essere und *avere* sind die mitunter wichtigsten und gebräuchlichsten Verben im Italienischen. Doch Vorsicht, sie können einige Überraschungen bereit halten. Als Hilfsverb gebraucht, entspricht *essere* nicht immer „sein", und *avere* nicht immer nur „haben":

***Ho** camminato molto.* Ich **bin** viel gelaufen.

Sollten Sie die Regeln zum Gebrauch von *essere* und *avere* als Hilfsverben nicht parat haben, schlagen Sie diese zunächst in Ihrer Grammatik nach.

Ergänzen Sie mit *essere* oder *avere* in der richtigen Form.

Lecce, 24 agosto 2008

Caro Umberto,
come stai? Come sta tua moglie? Che si dice a Lugano?
Lucia e io ________ appena tornati da un viaggio. ________ stata una bella esperienza, ci ________ veramente divertiti, nonostante qualche piccolo inconveniente.
(Noi) ________ fatto un bel giro dell'Italia questa volta. Come sai, in passato (noi) ________ sempre voluti andare in vacanza all'estero.
Il viaggio ________ durato tre settimane. Come prima tappa, (noi) ________ visitato Torino, che ci ________ piaciuta molto. Poi ________ andati in Liguria, vicino a Imperia, e lì io ________ nuotato tutto il tempo, come sempre!! Terza tappa: Firenze. Lì purtroppo ________ piovuto tanto e perciò Lucia, che odia la pioggia, si ________ arrabbiata e se ne ________ voluta andare prima! Quindi (io) non ________ potuto vedere tutto quello che mi interessava. Vabbè!
Ah, dimenticavo, (noi) ________ viaggiato in treno. Sì, questa volta niente macchina! Certo il viaggio in treno non ________ costato poco. Ma che importa!
Per oggi (io) ________ finito, ma la storia non ________ finita qui. Alla prossima puntata!

Tanti saluti,
Ermanno

che si dice ...?	was gibt es Neues ...?
nonostante qualche inconveniente	trotz einiger Unannehmlichkeiten
il passato	die Vergangenheit
l'estero	das Ausland
la tappa	die Etappe
nuotare	schwimmen
odiare	hassen
la pioggia	der Regen
arrabbiarsi	sich ärgern
viaggiare	verreisen, fahren
che importa!	*hier* was soll's!
finire	fertig werden, beenden
la puntata	die Folge

27 Kochen, kochen und nochmals kochen

Aufpassen! Im Italienischen gibt es mehrere Verben für „kochen":
cucinare → „kochen" im Sinne von „Speisen zubereiten, zum Essen machen"
cuocere → „kochen", eine Speise auf eine bestimmte Art kochen
bollire → „kochen" im Sinne von „sieden"

Vervollständigen Sie die Sätze mit den unten stehenden Angaben.

bolle cucinare cotta cuoce cuciniamo cuocerle cuocere cucini cotta cucinando cuocere cucinato

a Mia madre sa ________________ molto bene.
b Che ________________ stasera? – Facciamo le penne all'arrabbiata!
c Ma tu, in genere, la carne come la ________________ ?
d L'acqua ________________ . Puoi calare la pasta.
e Attenzione! Il ragù deve ________________ a fuoco lento.
f Preferisco la carne ________________ alla griglia.
g Questo tipo di pasta ________________ in 7 minuti.
h Che stai facendo? – Sto ________________ .

i Per preparare gli gnocchi bisogna prima lessare le patate, cioè ______________ in acqua salata.
j Per la festa di Pasquale ha preparato tutto la zia Maria. La poverina ha ______________ per due giorni!
k L'oca come l'hai fatta? – L'ho ______________ al forno per due ore e mezzo con carote, sedano e cipolla.
l Hai una buona ricetta per il rollè? – Certo! Lo devi ______________ in casseruola con il vino rosso e la salvia. È squisito!

le penne all'arrabbiata	*Nudeln in einer scharfen Tomatensoße*
la carne	das Fleisch
calare	(in das kochende Wasser) schütten
il ragù	*Fleischsoße*
a fuoco lento	bei schwacher Hitze
alla griglia	auf dem Rost
lessare	sieden
cioè	das heißt
salato	gesalzen
la poverina	die Ärmste
l'oca	die Gans
il forno	der Ofen
il sedano	der Sellerie
la cipolla	die Zwiebel
il rollè	der Rollbraten
la casseruola	der Schmortopf
la salvia	der Salbei
è squisito	(er) schmeckt lecker

28 *Prendere* oder *portare*?

Thema ist nun der Unterschied zwischen:
prendere → nehmen, holen, mitnehmen / mitbringen
portare → tragen, bringen, mitnehmen / mitbringen
Prendere und *portare* werden zudem in feststehenden Ausdrücken gebraucht. Mehr dazu in der nächsten Übung.

Ergänzen Sie mit *prendere* oder *portare*. Verwenden Sie folgende Zeitformen: *infinito, presente, passato prossimo* oder *imperfetto*.

a Scusa, puoi ________________ un'altra bottiglia d'acqua in frigorifero?
b Quando vieni, ________________ la tombola?
c Non passare sotto la scala, ________________ sfortuna!
d Se vi piace tanto, ve lo potete ________________ a casa.
e Ieri Giovanni ________________ una decisione importante.
f Da bambino Mario non ________________ gli occhiali, ora invece sì.
g Rosa, per piacere, puoi ________________ via il portacenere? È sporchissimo.
h Bambini, adesso andate in camera vostra a studiare, più tardi (io) vi ________________ la merenda.
i Nonna, guarda, (noi) ti ________________ un regalo dalla Grecia. Ti piace?
j Se vai al centro commerciale, non ti devi ________________ troppi soldi in contanti. Può essere pericoloso.
k (Tu) ________________ l'appuntamento dal medico? – Sì, è domani, alle dieci.
l Francesca, che fai? – ________________ a spasso il cane.

Wie kann man *prendere* und *portare* in den Sätzen e, k und l übersetzen?

____

____

il frigorifero	der Kühlschrank
la tombola	*eine Art Bingo*
la scala	die Treppe, die Leiter
la sfortuna	das Unglück
la decisione	die Entscheidung
gli occhiali	die Brille
il portacenere	der Aschenbecher
la merenda	der Snack
il centro commerciale	das Einkaufszentrum
in contanti	in bar
pericoloso	gefährlich
l'appuntamento	der Termin

29 Nichts wie weg: *Partire, uscire, andare via ...*

Hier werden einige der geläufigsten Verben der Bewegung geübt:

- *Andarsene* und *andare via* heißen beide „fortgehen, weggehen". Im Vergleich zu *andare via* besitzt *andarsene* jedoch die größere Ausdruckskraft.
- *Uscire* (= hinausgehen/-fahren, ausgehen/-fahren, verlassen, abkommen) und *partire* (= abreisen/-fahren/-fliegen, verreisen) haben zwar unterschiedliche Bedeutungen, werden aber trotzdem gerne verwechselt.

Achten Sie daher bei der nächsten Übung genau auf den Kontext.

Kreuzen Sie die richtige Form an.

a	________ per Londra alle 21.00.	☐ Vado via ☐ Parto
b	Non ________ ! È ancora presto.	☐ te ne andare ☐ partire
c	Quando ________ per le vacanze?	☐ uscite ☐ partite
d	Dov'è Antonio? – ________ un attimo!	☐ È uscito ☐ È partito
e	Oggigiorno lo stipendio ________ in un batter d'occhio!	☐ va via ☐ se ne va
f	Bene, si ________ ! Allacciate le cinture di sicurezza.	☐ parte ☐ esce
g	Professoressa, oggi devo ________ un pochino prima.	☐ partire ☐ andare via
h	Mi sono arrabbiato e ________ !	☐ me ne sono andato ☐ sono partito
i	Per arrivare a casa nostra dovete ________ dall'autostrada a Orvieto.	☐ andare via ☐ uscire
j	Mi dispiace, Armando, la macchia non ________ dai pantaloni.	☐ va via ☐ se ne va

k Ho incontrato Sara mentre ________ dall'ufficio.
- ☐ partiva
- ☐ usciva

l Io non ________ quasi mai, preferisco rimanere a casa a leggere un buon libro.
- ☐ esco
- ☐ vado via

presto	früh
l'attimo	der Augenblick
oggigiorno	heutzutage
lo stipendio	das Gehalt
in un batter d'occhio	im Nu
allacciare	anschnallen
la cintura di sicurezza	der Sicherheitsgurt
arrabbiarsi	sich ärgern
la macchia	der Fleck
incontrare	treffen
mentre	während
quasi mai	fast nie
rimanere	bleiben

30 Gegenteiliges: Verb für Verb

In diesem *cruciverba* geht es um die Gegenteile einiger gebräuchlicher Verben.

Tragen Sie in das *cruciverba* jeweils das fehlende Gegensatzwort des kursiven Verbs ein.

Orizzontali

3 Massimo mi ha _____ se voglio uscire con lui. – E tu che gli hai *risposto*?
4 I bambini *sono svegli*? – No, _____ ancora.
7 Per poter _____ la macchina nuova, devo prima *vendere* quella vecchia.
9 La lezione è _____ alle dieci ed è *finita* alle undici e mezzo.
10 Per uscire non devi _____ la porta, la devi *tirare*.

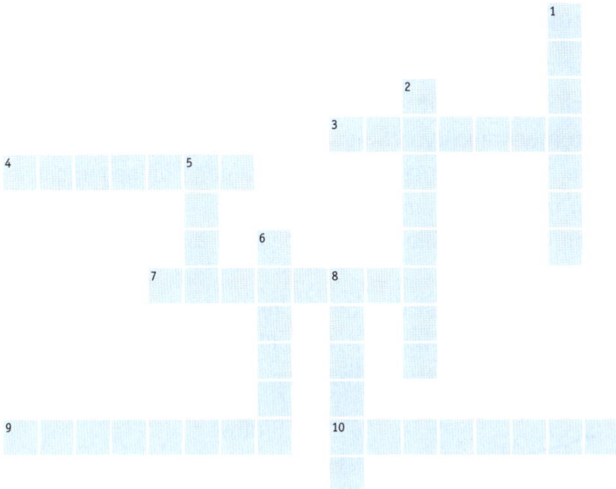

Verticali

1 Io *dimentico* facilmente i nomi. – Io invece li ____ senza problemi.
2 Il dolce si è bruciato per la terza volta. Non so se ____ o *ridere*.
5 Marcello Mastroianni è ____ nel 1924 ed è *morto* nel 1996.
6 La finestra è *chiusa*? – No, è ____ .
8 In cucina la luce è ____ o *spenta*?

rispondere	antworten
essere sveglio	wach sein
tirare	ziehen
dimenticare	vergessen
si è bruciato	(er) ist angebrannt
ridere	lachen
morire (morto)	sterben
spegnere (spento)	ausschalten

31 Überraschungen im Singular und Plural

Im Italienischen gibt es Wörter, die entweder nur im Singular oder nur im Plural gebraucht werden. Doch Vorsicht: Oft weisen die deutschen Entsprechungen einen entgegengesetzten Gebrauch von Singular und Plural auf. „Kleingeld" wird z. B. im Deutschen nur im Singular gebraucht, während hingegen das italienische *gli spiccioli* immer im Plural verwendet wird.
Lassen Sie sich nun von weiteren Fällen überraschen.

Ordnen Sie die italienischen Wörter den deutschen Entsprechungen zu. Ergänzen Sie auch die fehlenden Singular- bzw. Pluralendungen. Setzen Sie schließlich die dazu passenden Artikel ein.

a *la* varicell*a* →	☐ der Pfeffer
b ___ frutt__	☐ die Haare
c ___ fam__	☐ die Windpocken
d ___ occhial__	☐ die Trauben
e ___ forbic__	☐ die Hochzeit
f ___ set__	☐ die Ferien
g ___ feri__	☐ der Durst
h ___ ris__	☐ das Obst
i ___ gent__	☐ das Geld
j ___ nozz__	☐ der Reis
k ___ dintorn__	☐ die Nudeln
l ___ pep__	☐ die Brille
m ___ rob__	☐ die Hose
n ___ sold__	☐ der Hunger
o ___ capell__	☐ das Zeug
p ___ past__	☐ die Schere
q ___ uv__	☐ die Leute
r ___ pantalon__	☐ die Umgebung

32 Alles in allem: *tutto* und seine Formen

Merken Sie sich für den Umgang mit *tutto* Folgendes:

- *Tutto/-a/-i/-e* entspricht im Deutschen, je nach Kontext, „all-", „ganz" oder „jeder".
- *Tutto/-a/-i/-e* wird – im Gegensatz zum Deutschen – in der Regel von einem Artikel begleitet, wenn es zusammen mit einem Substantiv gebraucht wird:

Tutte le *strade portano a Roma.*	**Alle** Wege führen nach Rom.
*Mi fanno male **tutti** e due **i** piedi.*	Mir tun **alle** beide Füße weh.

Übersetzen Sie.

a Mein Vater hat sein ganzes Leben hart gearbeitet.

b Ich rufe dich auf alle Fälle wieder an.

c Wir haben alles gegessen.

d Mario war den ganzen Tag unterwegs.

e Alle haben mir zum Geburtstag gratuliert.

f Wie viel kostet das? – 1.500 Euro, alles inklusive.

g Wir stehen jeden Tag um sieben Uhr auf.

h Hast du die Milch getrunken? – Ja, die ganze.

i Ich habe das ganze Buch in zwei Tagen gelesen.

j Alle drei Kinder von Silvana haben schwarze Haare.

k Sind Rocco und Ettore auf die Party gekommen? – Ja, alle beide.

l Wir gehen also alle zusammen!

m Das ist alles. Ich habe nichts mehr zu sagen.

n Marta und ich treffen uns alle Jahre wieder.

o Ich muss leider alle diese Hemden bügeln!

p Alle meine Freunde fahren in Urlaub, nur ich nicht!

q Ganz im Gegenteil.

r Wann seht ihr fern? – Jeden Abend wenn wir essen.

sodo	hart
richiamare	wieder anrufen
il caso	der Fall
essere in giro	unterwegs sein
fare gli auguri per il compleanno	zum Geburtstag gratulieren
compreso	inklusive
alzarsi	aufstehen
avere i capelli neri	schwarze Haare haben
la festa	die Party
non avere più niente da dire	nichts mehr zu sagen haben
incontrarsi	sich treffen
la camicia	das Hemd
stirare	bügeln
andare in vacanza	in Urlaub fahren
il contrario	das Gegenteil
guardare la televisione	fernsehen
quando	wann, wenn

33 Auf „jeden" Fall: *tutto, ogni* oder *ognuno*?

Bevor Sie diese Übung angehen, sollten Sie sich mit der vorangehenden Seite zum Thema *tutto* befasst haben. Denn nun geht es um den feinen Unterschied zwischen *tutto/-a/-i/-e* (jeder, all-, ganz), *ogni* (jeder, all-) und *ognuno* (jeder). Beachten Sie dazu die folgenden Beispiele:

Ognuno *può esprimere la propria opinione.*	**Jeder** darf seine eigene Meinung äußern.
Lo sanno ***tutti****.*	Das weiß **jeder**. / Das wissen **alle**.
Ogni *anno vado in Inghilterra.*	**Jedes** Jahr fahre ich nach England.
Tutti *gli anni vado in Inghilterra.*	**Jedes** Jahr fahre ich nach England.
Sono stato in Inghilterra ***tutto*** *l'anno.*	Ich bin das **ganze** Jahr in England gewesen.
Ogni *due anni faccio un viaggio.*	**Alle** zwei Jahre mache ich eine Reise.
Tutti *e due i bambini sono timidi.*	**Alle** beiden Kinder sind schüchtern.

Setzen Sie *ogni, ognuno* oder *tutto/-a/-i/-e* (evtl. + Artikel) ein.

a Fabio va in palestra ____________ due giorni.
b L'autobus passa ____________ dieci minuti.
c Lo dicono ____________ !
d La mia amica Ilaria mi telefona a ____________ ore.
e Signora, deve fare gli esercizi ____________ giorno per mezz'ora.
f Vengo a trovarti in ____________ casi.
g ____________ è artefice del proprio destino.
h Quando devi fare la terapia? – ____________ tre mesi.
i ____________ e tre i professori della commissione erano severissimi.
j ____________ volta che ci incontriamo, Diego mi racconta la stessa storia!
k Tiziana passa ____________ santo giorno a chattare!
l ____________ è responsabile delle proprie azioni.
m ____________ mi hanno chiesto la stessa cosa.
n ____________ di noi ha diritto di essere felice.

la palestra	*hier* das Fitnessstudio
passare	*hier* (vorbei)kommen
l'esercizio	die Übung
venire a trovare	besuchen
essere artefice del proprio destino	seines eigenes Schicksals Schmied sein
la commissione	*hier* der Prüfungsausschuss
severo	streng
incontrarsi	sich treffen
passare	*hier* verbringen
santo	*hier* lieb
chattare	chatten
responsabile	verantwortlich
la propria azione	das eigene Tun
il diritto	das Recht
felice	glücklich

34 *Molto*: „viel" und „sehr", das ist nicht schwer

Für „viel" und „sehr" wird im Italienischen *molto* benutzt.
Für den Gebrauch von *molto* sollte man sich aber Folgendes gut merken:

- *Molto* im Sinne von „sehr" heißt immer unverändert *molto*.
- *Molto* im Sinne von „viel" hingegen weist vier Formen auf, wenn es sich auf Substantive bezieht (*molt**o***, *molt**a***, *molt**i***, *molt**e***).

Ein paar Beispiele:

*Ho studiato **molto**.*	Ich habe **viel** gelernt.
*Ho letto **molti** libri.*	Ich habe **viele** Bücher gelesen.
*Sono **molto** felice.*	Ich bin **sehr** glücklich.
*Ti piace? – **Molto**!*	Gefällt es dir? – **Sehr**!
*Ho mangiato **molta** frutta.*	Ich habe **viel** Obst gegessen.
*Lei scrive **molte** lettere.*	Sie schreibt **viele** Briefe.

Verbinden Sie die linke mit der rechten Spalte zu sinnvollen Sätzen oder Mini-Dialogen. Ergänzen Sie dabei *molto* mit der richtigen Endung *-o, -a, -i* oder *-e*.

a	Oggi sono molt__ stanco ...	1	che vivono all'estero.
b	Abbiamo molt__ amici ...	2	perché non ho mangiato niente tutto il giorno.
c	Mamma mia, quanti CD! –	3	perché abbiamo fatto una passeggiata nel bosco.
d	Ho molt__ fame ...	4	e adesso mi fa molt__ male lo stomaco.
e	La frutta fa molt__ bene ...	5	È vero, ne ho molt__ !
f	Ti sei divertito al concerto? –	6	perché contiene molt__ vitamine.
g	Ieri abbiamo camminato molt__ ...	7	perché mi sono alzato molt__ presto.
h	Mimmo ha molt__ paura di volare ...	8	Sì, molt__ . È stato un bello spettacolo.
i	Ho mangiato troppe vongole ...	9	compra sempre molt__ vestiti e molt__ scarpe.
j	Violetta è molt__ vanitosa:	10	da quando ha fatto quella brutta esperienza.

Violetta è molto vanitosa ...

quanti	wie viele
la fame	der Hunger
divertirsi	Spaß haben
camminare	laufen
la paura	die Angst
la vongola	die Venusmuschel
vanitoso	eitel
all'estero	im Ausland
la passeggiata nel bosco	der Waldspaziergang
fare male	*hier* weh tun
lo stomaco	der Magen
contenere	enthalten
alzarsi	aufstehen
lo spettacolo	die Aufführung
da quando	seitdem
l'esperienza	die Erfahrung

35 Die Präpositionen *su* und *con*

Und täglich grüßt die Präposition: Diesmal sind *su* und *con* an der Reihe. *Su* hat eine variable Bandbreite an Bedeutungen, u. a. „auf, über, in, an, um"; während *con* meistens nur „mit" und „bei" bedeutet.

Setzen Sie *su* oder *con* (evtl. + Artikel) ein.

a ______ questo caldo non si può lavorare!
b Chi te lo ha detto? – L'ho letto ______ giornale.
c Le scarpe ______ tacchi bassi sono più comode.
d Gioco a calcio ______ miei ex-compagni di scuola.
e Abbiamo preso in affitto una casa ______ mare.
f Sono andati ______ lago Maggiore.
g Stasera vado a cena fuori ______ alcuni colleghi.
h La vera mozzarella si fa ______ latte di bufala.
i Abbiamo pagato ______ carta di credito.
j Vuoi uscire ______ questo tempaccio?

k All'università ho seguito una lezione molto interessante ______ Verga.
l Abbiamo trascorso la settimana bianca ______ Dolomiti.
m Perché non siete saliti ______ torre Eiffel?
n Alba e Modesto hanno fatto un'escursione ______ Etna.
o I pullover ______ scollo a V ti stanno molto bene.
p La nostra cucina dà ______ cortile interno.
q Quanto costa? – Mm, ______ 500 euro.
r Non si passa ______ rosso.
s Deve superare il ponte ______ fiume e poi deve girare a destra.
t Dove sono gli occhiali? – ______ scrivania.

il caldo	die Hitze
il tacco	der Absatz
comodo	bequem
il calcio	der Fußball (*Sportart*)
il compagno di scuola	der Schulkamerad
prendere in affitto	mieten
fuori	*hier* auswärts
il latte di bufala	die Büffelmilch
il tempaccio	das Sauwetter
seguire una lezione	eine Vorlesung besuchen
Giovanni Verga	*Schriftsteller (1840–1922)*
trascorrere	verbringen
la settimana bianca	der Skiurlaub
le Dolomiti	die Dolomiten
salire	steigen
l'escursione, *f*	der Ausflug
lo scollo a V	der V-Ausschnitt
il cortile interno	der Innenhof
passare	*hier* weiterfahren
superare	vorbeigehen
girare	*hier* abbiegen
la scrivania	der Schreibtisch

36 Verben- und Präpositionsroulette!

Das Wichtigste gleich vorweg: bestimmte Verben verlangen bestimmte Präpositionen.
Da der deutsche und der italienische Gebrauch oft nicht übereinstimmen, ist es ratsam, die Verben zusammen mit den Präpositionen zu lernen. Ein Beispiel:
Ich **telefoniere mit** Giorgio. → ***Telefono a** Giorgio.*
Deutsche wären natürlich dazu geneigt, *con* zu benutzen: *Telefono ~~con~~ Giorgio.* Das ist aber falsch!

Vervollständigen Sie die Sätze mit den unten stehenden Verben und mit der dazu passenden Präposition (evtl. + Artikel).

ti lamenti ~~ho cominciato~~ ti sei arrabbiato hanno telefonato
chiedere spero ringraziare parliamo soffre è innamorato
vi siete scusati hai finito

a Da quanto tempo studi l'italiano? – Ho cominciato a ______ studiarlo sei mesi fa.
b Perché ______ Francesca? – Ah, guarda, a volte Francesca è insopportabile!
c Ultimamente Maurizio ha sempre la testa fra le nuvole. – Ma come, non lo sai? ______ Gloria!
d Mamma mia, ______ tutto! Dovresti essere più positivo!
e Valerio, ______ riparare la moto? – No, non ancora.
f Devo ______ zio Andrea se domani mi può accompagnare dall'oculista.
g ______ la domestica? Siete stati proprio dei gran maleducati!
h Teo e io abbiamo un rapporto molto aperto. ______ tutto.
i Ha chiamato Nicola, ti voleva ______ regalo. Gli è piaciuto molto.

j Quando hai l'esame? – Domani. Sono nervosissimo, ______________ superarlo senza problemi.

k Renato e Daniele ______________ Pietro in ufficio, ma la segretaria ha detto che era fuori sede.

l Bernardo ______________ una malattia rara.

lamentarsi	sich beschweren
arrabbiarsi	sich ärgern
sperare	hoffen
ringraziare	sich bedanken
soffrire	leiden
essere innamorato	verliebt sein
scusarsi	sich entschuldigen
insopportabile	unerträglich
se	*hier* ob
accompagnare dall'oculista	zum Augenarzt begleiten
la domestica	die Putzfrau
gran (grande)	*hier* sehr
maleducato	ungezogen
il rapporto	die Beziehung
il regalo	das Geschenk
superare	*hier* bestehen
fuori sede	nicht am Platz
la malattia rara	die seltene Krankheit

37 Fünf Verben auf einen Streich!

Die Modalverben „müssen", „sollen", „dürfen", „können" und „wollen" bereiten im Allgemeinen keine großen Schwierigkeiten: „müssen" und „sollen" heißen *dovere*, „dürfen" und „können" bedeuten *potere* (siehe auch Übung 19), „wollen" entspricht *volere*.

Es ist aber wichtig, bei bestimmten Ausdrücken einige unterschiedliche Anwendungen dieser Verben in beiden Sprachen zu beachten. Das ist das Ziel der nächsten Übung.

Verbinden Sie die links stehenden deutschen Sätze mit den italienischen Entsprechungen. Vervollständigen Sie dann, wo nötig, die italienischen Sätze mit den unten stehenden Angaben.

preferisce · andare (2×) · vanno · è possibile · stavamo · farci · dovrebbe · devo · sa · è permesso · non

a Ich will nicht heim!
b Zu wem wollen Sie?
c Das dürfte reichen.
d Vilma kann nicht Ski fahren.
e Ich kann nichts dafür.
f In öffentlichen Gebäuden darf nicht geraucht werden.
g Tania will lieber hier bleiben.
h Man muss sich damit abfinden.
i Es kann sein. / Es mag sein.
j Du sollst nicht lügen.
k Die Teller müssen dahin.
l Das darf doch nicht wahr sein!
m Wo müssen wir hin?
n Was darf es sein, meine Herren?
o Ich muss mal. / Ich muss austreten.
p Eigentlich wollten wir gerade essen.

1 I signori desiderano?
2 Veramente __________ per mangiare.
3 Tania __________ rimanere qui.
4 Può darsi.
5 Non voglio __________ a casa!
6 Non __________ ! / Non può essere vero!
7 Questo __________ bastare.
8 Bisogna rassegnarsi.
9 Chi desidera?
10 Nei locali pubblici non __________ fumare.
11 Non posso __________ niente.
12 Vilma non __________ sciare.
13 __________ andare al gabinetto / bagno.
14 __________ dire bugie.
15 I piatti __________ (messi) lì.
16 Dove dobbiamo __________ ?

Und nun prägen Sie sich die italienischen Sätze ein, indem Sie die italienische Spalte abdecken und die deutschen Sätze ins Italienische zu übersetzen versuchen.

38 Alle für einen, einer für alle! – „brauchen“

Das Verb „brauchen“ hat im Italienischen viele Entsprechungen:
occorrere, servire, avere bisogno (di), volerci, metterci

Umso erstaunlicher ist es, dass man in diesem Fall im Deutschen mit nur einem Wort auskommt. Jedoch verlangt es einige Übung, sich einzuprägen, wann und wie welches italienische Wort für „brauchen“ zu verwenden ist. Die folgende Übung hilft Ihnen dabei.

Kreuzen Sie die richtige Form an.

a Vado al supermercato. Ti ________ qualcosa?
- ☐ occorre
- ☐ occorrono

b Il treno ci ________ dodici ore.
- ☐ vuole
- ☐ mette

c Questo arnese mi ________ per aggiustare la bicicletta.
- ☐ vuole
- ☐ serve

d Non mi ________ niente.
- ☐ serve
- ☐ ho bisogno

e Lina deve mettere in valigia tutto quello che le ________ per il viaggio.
- ☐ vuole
- ☐ occorre

f Per fare campeggio ci ________ due materassini, una tenda canadese, due zaini grandi …
- ☐ mettono
- ☐ occorrono

g La tua lettera ci ________ un mese ad arrivare.
- ☐ è voluta
- ☐ ha messo

h Per sposarvi in un'altra chiesa ________ del nullaosta del vescovo.
- ☐ avete bisogno
- ☐ vi occorre

i Per la crostata ci ________ una buona marmellata fatta in casa.
- ☐ mette
- ☐ vuole

j Da Roma a Napoli in macchina ci ________ circa due ore.
- ☐ vuole
- ☐ vogliono

k Per fare bungee jumping ci ________ coraggio.
- ☐ vuole
- ☐ abbiamo bisogno

l Mi potresti prestare questi due libri? – Sì, tanto adesso non mi ________ .
- ☐ serve
- ☐ servono

m Di che ________ ?
- ☐ vi servono
- ☐ avete bisogno

n In aereo loro ci ________ tre ore.
- ☐ hanno messo
- ☐ sono servite

o In treno ci ________ dodici ore.
- ☐ vogliono
- ☐ mette

p ________ di aiuto e allora ho telefonato al mio amico Nello.
- ☐ Mi è servito
- ☐ Avevo bisogno

l'arnese	das Werkzeug
aggiustare	reparieren
la valigia	der Koffer
fare campeggio	campen
il materassino	*hier* die Luftmatratze
la tenda canadese	das Zwei-Mann-Zelt
lo zaino	der Rucksack
sposarsi	heiraten
il nullaosta	die Genehmigung
il vescovo	der Bischof
la crostata	*Mürbeteigkuchen*
il coraggio	der Mut
prestare	leihen
tanto	*hier* sowieso

39 Mietsachen: *affittare* und *noleggiare*

Auch das deutsche Verb „mieten" hat mehr als nur eine italienische Entsprechung. Es werden hauptsächlich *affittare* und *noleggiare* benutzt. Dabei gilt es zu beachten: *affittare* wird für unbewegliche Güter verwendet, *noleggiare* hingegen für bewegliche Güter.

Ergänzen Sie mit *affittare* oder *noleggiare* in der passenden Zeitform.

a Devo andare al matrimonio della mia amica Rossella. Non vorrei comprare, però, un abito nuovo … – Io conosco un negozio dove si possono ______________________ abiti da cerimonia.

b Prima il mio papà ______________________ sempre un tagliaerba presso un'azienda vicino a casa nostra, ora invece ha deciso di comprarne uno, semmai usato.

c I miei amici e io ci incontriamo, una volta al mese, per giocare a pallavolo. ______________________ una palestra in un edificio scolastico. La tariffa è di 18 euro l'ora.

d Due anni fa i signori Müller hanno trascorso le vacanze in Italia. ______________________ un bilocale in un tipico podere della campagna toscana, con piscina e cavalli.

e Peppe e Oscar hanno organizzato una festa a casa loro. Lo stereo ce l'avevano, ma le casse erano troppo piccole. Quindi, per quell'occasione, (loro) ______________________ delle casse più grandi e un amplificatore.

f Siete mai stati in Svezia? Lì, l'anno scorso, noi ______________________ uno chalet in un villaggio, per due settimane. Naturalmente ci eravamo rivolti a un tour operator specializzato sulla Svezia.

g Dovrei lavare la moquette della camera da letto e del salotto. – Ah, sai, due mesi fa mia zia ______________________ un lavamoquette per un giorno e ha pagato 59 euro.

h Cristiano è andato in vacanza in Sicilia con due amici. (Loro) ______________________ una barca a vela.

i Ho scoperto un portale dove si possono vendere, comprare o ______________________ appartamenti.

j Lo sapevi che è possibile ______________________ DVD on line? Si paga un canone mensile di circa 16 euro. I DVD ti arrivano a casa entro 48 ore e li puoi tenere tutto il tempo che vuoi.

il matrimonio	die Hochzeit
l'abito da cerimonia	das Festkleid
il tagliaerba	der Rasenmäher
l'azienda	die Firma
semmai	eventuell
la pallavolo	der Volleyball *(Sportart)*
la palestra	die Turnhalle
l'edificio scolastico	das Schulgebäude
il bilocale	die Zwei-Zimmer-Wohnung
il podere	das Landgut
la piscina	das Schwimmbad
il cavallo	das Pferd
lo stereo	die Stereoanlage
la cassa	die Lautsprecherbox
l'amplificatore, *m*	der Verstärker
rivolgersi a	sich wenden an
la moquette	der Teppichboden
la camera da letto	das Schlafzimmer
il salotto	das Wohnzimmer
il lavamoquette	der Teppichbodenreiniger
la barca a vela	das Segelboot
il canone mensile	die monatliche Gebühr
entro	binnen

40 Frage und Antwort: *Che ora è?* ...

... *È l'ora di ieri a quest'ora*. Es ist genau so spät wie gestern um dieselbe Zeit: ein beliebter Spruch unter scherzenden Jugendlichen. Wie man aber ernsthafte und sinnvolle Antworten geben kann, damit befassen wir uns in der nächsten Übung.

Bilden Sie Satzpaare: Frage und Antwort.

a ~~Che ora è?~~
b Da quanto tempo vivi in Italia?
c Perché non ti siedi?
d Vi posso offrire qualcosa da bere?
e Come mai hai cominciato a studiare l'italiano?
f Quanti anni hai?
g Scusi, mi sa dire dov'è la stazione?
h Vuole ordinare?
i È possibile avere la colazione in camera?
j Buongiorno, vorrei parlare con il Dottor Ferrari?
k Mi dà sei coscette di pollo, per cortesia?
l Hai finito di fare i compiti?

- ☐ No, grazie. Abbiamo appena preso un caffè.
- a ~~Sono le nove meno cinque.~~
- ☐ Diciannove.
- ☐ Devo ancora fare la versione.
- ☐ Da nove anni.
- ☐ Un attimo, Glielo passo.
- ☐ Allora, per primo prenderei un risotto alla milanese ...
- ☐ Oh, mi dispiace, sono finite.
- ☐ Mi dispiace, non sono di qui.
- ☐ Perché la mia ragazza è di Verona.
- ☐ Preferisco stare in piedi.
- ☐ Certo, signora. Lo annoto immediatamente.

annotare	notieren
appena	gerade
i compiti	die Hausaufgaben
la coscetta di pollo	der Hünchenschlegel
immediatamente	unverzüglich
passare	*hier* verbinden
il risotto alla milanese	*Reisgericht nach Mailänder Art*
stare in piedi	stehen
la versione	*hier* die Übersetzung

41 Konsonanten: Doppelt gemoppelt!

Ist Ihnen das auch schon passiert? Manchmal macht ein einziger Buchstabe einen großen Unterschied. Ein Beispiel: *palla* heißt „Ball", *pala* hingegen „Schaufel". Lernen Sie also Einzel- von Doppelkonsonanten gut zu unterscheiden.

Vervollständigen Sie die Sätze mit den unten stehenden Wörtern.

sono cassa corro rosse cappelli tutta coppia sanno tuta
rose casa sano coro sete sette copia sonno capelli

a __________ molto stanco. Quasi quasi vado a letto.
b Questo articolo è veramente interessante. Me ne fai una __________ ?
c Hai già __________ ? Ma come è possibile? Oggi pomeriggio hai dormito due ore!
d Per San Valentino il mio fidanzato mi ha regalato quindici __________ __________ !
e Ho __________ . Mi puoi dare un bicchiere d'acqua, per favore?
f Mia figlia canta nel __________ della chiesa.
g Ma come, non lo sapevi che Sergio e Letizia si sono lasciati? Lo __________ tutti!
h Ida si è iscritta a un corso di spinning e ha bisogno di una __________ da ginnastica.

i Hai mangiato __________ la torta? Non me ne hai lasciato nemmeno una fetta? Ingordo!
j Oddio, sono le __________ . È tardi, devo andare!
k Mirna è una bella ragazza: ha i __________ neri e gli occhi azzurri.
l Fai sport? – Faccio jogging, cioè __________ .
m Io sono __________ come un pesce: non ho l'influenza, non ho il raffreddore e nemmeno il mal di gola.
n Ieri abbiamo invitato una __________ di amici a cena. È stata una bella serata.
o A __________ di Bruno, in cantina, abbiamo trovato una vecchia __________ piena di vecchi dischi a 45 giri e a 33 giri.
p Ti piacciono i __________ ? – In realtà non mi piacciono, ma li porto quando fa freddo.

quasi quasi	*hier etwa* besser
il fidanzato	der Verlobte
regalare	schenken
la chiesa	die Kirche
lasciarsi	sich trennen
iscriversi	sich anmelden
lasciare	*hier* übrig lassen
la fetta	*hier* das Stück
ingordo!	*hier* Vielfraß!
l'influenza	die Grippe
il raffreddore	der Schnupfen
nemmeno	auch nicht
il mal di gola	die Halsschmerzen
la cantina	der Keller
il disco a 45 / 33 giri	die Single / LP
in realtà	in Wirklichkeit

42 Italienisch für Besitzer: *mio, tuo, suo ...*

Quello che è tuo è mio e quello che è mio è mio sagt man scherzhaft in Italien zum Thema „Besitz". Um Besitzverhältnisse auszudrücken benutzt man die besitzanzeigenden Fürwörter *mio, tuo, suo, nostro, vostro, loro*. Diese werden im Italienischen und im Deutschen aber nicht immer gleich gebraucht. Die folgenden Beispiele zeigen Ihnen die Hauptunterschiede:

La mia *amica si chiama Vera.*	**Meine** Freundin heißt Vera.
Venite a casa ***nostra*** *una volta!*	Kommt einmal zu uns nach Hause!
Nando abita ancora con i genitori.	Nando wohnt immer noch bei **seinen** Eltern.
Suo *fratello è ingegnere.*	Sein / Ihr Bruder ist Ingenieur.
Ho gli occhi neri.	Ich habe schwarze Augen. / **Meine** Augen sind schwarz.

Übersetzen Sie.

a Seine Schwester arbeitet als Verkäuferin in einem Kaufhaus.

b Roberto geht es heute nicht gut. Sein Bauch tut ihm weh.

c Wollen wir zu mir nach Hause gehen?

d Mein Vater ist mit seinen Eltern nach Rom gezogen, als er 13 war.

e Deine Beine sind sehr lang.

f Euretwegen habe ich 10.000 Euro verloren!

g Mein Kopf tut mir so weh! Hast du zufällig ein Aspirin?

h Sie haben ihre Meinung geändert.

i Zieh deine Jacke aus und häng sie dorthin.

j Cinzia hat viel Glück. Ihre Schwiegereltern helfen ihr sehr.

k Du hast wohl meine Gedanken gelesen!

l Dir zu Ehren habe ich heute Abend meine wertvollste Weinflasche aufgemacht.

m Ihr müsst eure Mäntel anziehen.

n Ich bin bei einem Freund von mir.

la commessa	die Verkäuferin
il grande magazzino	das Kaufhaus
far male	weh tun
la pancia	der Bauch
si è trasferito	*hier* er ist gezogen
quando	als
la gamba	das Bein
a causa ...	...wegen
la testa	der Kopf
per caso	zufällig
cambiare idea	die Meinung ändern
togliere	ausziehen
appendere	hängen
essere fortunato	Glück haben
i suoceri	die Schwiegereltern
leggere nel pensiero	Gedanken lesen
l'onore	die Ehre
pregiato	wertvoll
il cappotto	der Mantel
mettere	anziehen

43 Pronomen zu verschenken: *mi, a me, ti, con te, gli, da lui ...*

Wann verwendet man *mi*, wann *a me*? *Mi* kann sowohl *mir* als auch *mich* heißen, *a me* heißt ebenfalls *mir* ... Eine Übersetzung der Pronomen „eins zu eins" ist nicht immer möglich. Da es nicht ganz einfach ist, sich die Pronomen einzuprägen, ist es um so wichtiger, sie oft zu üben ... bis man alle möglichen Fälle verinnerlicht hat.

Kreuzen Sie die richtige Form an (Mehrfachnennungen sind möglich!).

a	Lucia si è licenziata. ______ questa cosa sembra molto strana.	☐ Le	☐ Mi	☐ A me
b	______ sembra impossibile che Lucia si sia licenziata.	☐ Me	☐ Mi	☐ A me
c	Vado ______ a cena.	☐ lui	☐ da lui	☐ lo
d	Andiamo a cinema stasera. Vieni ______ ?	☐ con noi	☐ a noi	☐ ci
e	______ piace la pasta al pomodoro con il basilico fresco.	☐ Ci	☐ A noi	☐ Noi
f	Rossella è una ragazza simpatica. ______ incontro ogni mattina alla fermata dell'autobus.	☐ Le	☐ La	☐ Con lei
g	Io non ______ sento molto bene oggi.	☐ mi	☐ me	☐ ti
h	Che cosa ______ avevo detto? Il governo è caduto di nuovo!	☐ ve	☐ vi	☐ voi
i	______ abbiamo telefonato ma non c'era.	☐ Con lui	☐ Gli	☐ Lui
j	Pietro lavora alle poste. ______ conosco da anni.	☐ Lo	☐ Lui	☐ A lui
k	______ ho chiesto un favore ed è stata molto disponibile.	☐ La	☐ Gli	☐ Le

l	Mi sono fidato ______ ed è stato un grave errore!	☐ gli	☐ di loro	☐ a loro
m	Barbara non vuole uscire ______ .	☐ con lui	☐ da lui	☐ a lui
n	Perché hai aiutato proprio ______ ?	☐ noi	☐ a noi	☐ ci

licenziarsi	kündigen
sembrare	scheinen
la fermata	die Haltestelle
il governo	die Regierung
cadere	stürzen
di nuovo	schon wieder
le poste	das Postamt
chiedere un favore	um einen Gefallen bitten
disponibile	hilfsbereit
fidarsi	vertrauen
grave	schwerwiegend
proprio	gerade

44 Gut, besser, der Beste!

Nun geht es um die gesteigerten Formen des Adjektivs *buono* und des Adverbs *bene*:
buono (gut) → *più buono / migliore* (besser), *il più buono / il migliore* (der beste)
bene (gut) → *meglio* (besser)

Beachten Sie dazu folgende Anmerkungen:
- Die Adjektive *più buono* und *migliore* beziehen sich immer auf Personen oder Substantive, das Adverb *meglio* hingegen nicht.
- Anders als die regelmäßigen Formen *più buono / il più buono*, werden die unregelmäßigen Formen *migliore* und *il migliore* häufig bei abstrakten, übertragenen Bedeutungen gebraucht.

Ergänzen Sie mit den Adjektiven *(il) più buono* und / oder *(il) migliore* in der richtigen Form sowie mit dem Adverb *meglio*.

a Gli studenti migliori riceveranno un libro in premio.
b Questo è il vino ______ che abbia mai bevuto.
c Questo apriscatole funziona ______ di quello.
d Io studio ______ con la radio accesa.
e Questa marca di pomodori pelati è ______ di quella.
f Fabrizio si è comportato nel modo ______ .
g È ______ tornare a casa perché sta cominciando a piovere.
h Tra i miei collaboratori Giancarlo è ______ .
i Come ti senti? – Oggi sto ______ .
j Non sarebbe ______ rivolgersi a un'agenzia di viaggi?
k Prendi queste, sono ______ .
l Ultimamente gli affari stanno andando ______ .

ricevere	bekommen, erhalten
il premio	der Preis
che abbia mai bevuto	den ich je getrunken habe
l'apriscatole, *m*	der Dosenöffner
acceso	angeschaltet, an
i pomodori pelati	die geschälten Tomaten
comportarsi	sich benehmen
il modo	die Art
sta cominciando	*hier* es fängt gerade an
il collaboratore	der Mitarbeiter
rivolgersi a	sich wenden an
l'agenzia di viaggi	das Reisebüro
ultimamente	in letzter Zeit
gli affari	die Geschäfte

45 Eine Schublade voller Präpositionen: *di, a, da, in, con ...*

Jetzt üben Sie nochmals alle bisher behandelten Präpositionen, dieses Mal aber wild gemischt!
Bevor Sie diese Seite angehen, sollten Sie sich bereits mit den Übungen 4, 5, 15, 16, 25, 35 und 36 beschäftigt haben.

Setzen Sie *di, a, da, in, con, su, per, fra / tra* ein, wo nötig mit dem bestimmten Artikel.

a ______ dove sei? – Io sono ______ Genova, e tu?
b Ieri, ______ bar, ho incontrato Sergio.
c Il pullover lo preferisce ______ spina di pesce o ______ tinta unita?
d ______ capodanno vogliamo andare ______ ballare ______ una discoteca.
e Il tuo cellulare l'ho messo ______ cassetto ______ scrivania.
f ______ dove venite? – Veniamo ______ Siracusa.
g ______ un anno Luigi e Carmela si trasferiscono ______ Barcellona, ______ Spagna.
h Vado ______ ufficio ______ macchina.
i Le spediremo la merce ______ posta al più presto.
j Domenica scorsa siamo andati ______ dormire ______ mezzanotte.
k ______ che ora ti alzi? – ______ sei e mezza.
l ______ prossima settimana comincia una nuova telenovela.
m ______ chi stavi parlando? – Non sono fatti tuoi!
n Pietro vuole andare ______ ottico ______ comprarsi un paio di occhiali.
o Dove abitate? – Noi abitiamo ______ Puglia, ______ Lecce.
p Dov'è Mimma? – ______ una sua amica a studiare.
q Vorrei vedere quella camicetta ______ seta che è in vetrina.
r A Susanna serve una tuta ______ sci.
s Facciamo le salsicce ______ patate? – Sì, però le salsicce le cuociamo ______ griglia!
t Avete finito ______ mangiare cioccolatini? E basta adesso!
u Quando arrivate? – ______ tre e le quattro.
v Per caso hai visto i miei guanti in giro? – Sono ______ poltrona.
w Adoro i maglioni ______ girocollo.
x Abbiamo visitato una mostra ______ futurismo.

la spina di pesce	die Fischgräte
la tinta	die Farbe
il capodanno	Neujahr
il cassetto	die Schublade
trasferirsi	umziehen
la merce	die Ware
Non sono fatti tuoi!	Das geht dich nichts an!
l'ottico	der Optiker
la camicetta	die Bluse
la seta	die Seide
la vetrina	das Schaufenster
la tuta	*hier* der Anzug
la salsiccia	die Wurst
il cioccolatino	die Praline
per caso	zufällig
il guanto	der Handschuh
in giro	*hier* herumliegen
la poltrona	der Sessel
il girocollo	der Rundausschnitt

46 Sein oder nicht sein? Die Verben *essere* und *stare*

Obwohl *essere* und *stare* hauptsächlich mit „sein" übersetzt werden, unterscheiden sich beide Verben erheblich. Nur wenn „sein" im Sinne von „sich befinden / liegen" gebraucht wird, sind sie austauschbar. In der folgenden Übung erfahren Sie noch mehr über die Ähnlichkeiten und Unterschiede von *essere* und *stare*.

Ergänzen Sie mit *essere* und / oder *stare* in der Präsensform.

a I bambini ____________________ a scuola.
b Mm, questi tortellini ____________________ buonissimi.
c La mamma ______________ preparando un dolce.
d Oggi ______________ a casa e non vado all'ufficio perché ____________________ malato.
e Com'____________________ la ragazza di Gianluca? – Molto carina.

f Ma dove __________ le mie pantofole?!
g Wanda __________ malissimo perché si è separata dal marito.
h Che fate? – __________ per uscire. Perché?
i Ieri sera loro __________ tornati a casa dopo mezzanotte.
j Il nonno __________ in giardino con i nipoti.
k Guarda che questa __________ la mia borsa.
l Come mi __________ questi stivali? – Molto bene!
m Lo sai che Bernardo e Nadia __________ insieme?
n Che ore __________ ? – __________ le tre meno un quarto.

il dolce	*hier* der Kuchen
la ragazza	*hier* die Freundin
carino	hübsch
la pantofola	der Hausschuh
separarsi	sich trennen
il marito	der Ehemann
il nonno	der Opa
il nipote	*hier* das Enkelkind
lo stivale	der Stiefel
insieme	zusammen

47 Verben zum „abholen"

Für das deutsche Verb „abholen" gibt es im Italienischen folgende Entsprechungen:

- *Andare a prendere* oder *venire a prendere* verwendet man für Personen. Die Wahl zwischen den beiden Verben hängt dabei von der Perspektive des Sprechers oder des Zuhörers ab:

*Oggi mi **è venuta a prendere** mia nonna a scuola.*	Heute hat mich meine Oma von der Schule abgeholt.
*Chi può **andare a prendere** la zia all'aeroporto domani?*	Wer kann die Tante morgen am Flughafen abholen?

- *Ritirare* (oder evtl. auch *andare a prendere*) benutzt man für Gegenstände:

Devo ritirare un pacco.	Ich muss ein Paket abholen.

Ergänzen Sie mit *andare a prendere, venire a prendere* oder *ritirare* in der richtigen Verbform.

a Nonna, chi ti ______________________ alla stazione ieri sera? Ugo?
b Rita, ______________________ la raccomandata?
c Di solito, a che ora ______________________ Suo figlio all'asilo?
d Teresa, mi potresti ______________________ ? Sono dall'estetista.
e Fabio, potresti ______________________ Gemma? È a casa di Dario.
f Quando lavoravo a tempo pieno, accompagnavo mio figlio dai miei suoceri la mattina presto e lo ______________________ il pomeriggio verso le quattro.
g Arrivo un po' più tardi perché devo ancora ______________________ i vestiti in lavanderia.
h Ti ______________________ noi, se ci dici esattamente a che ora arrivi.
i Ehi, Maria, dove vai? – Sto ______________________ Sergio al porto. È andato a Procida.
j Mamma, mi puoi dare le chiavi della macchina? ______________________ due amici. Vogliamo andare insieme al cinema, stasera.
k Siete tornati a casa a piedi? Non ci credo! – E invece sì. Non ci ______________________ nessuno.
l Dove sono mamma e papà? – ______________________ Attilio che è andato a studiare da un compagno.

la raccomandata	das Einschreiben
di solito	gewöhnlich
il figlio	der Sohn
l'asilo	der Kindergarten
l'estetista	die Kosmetikerin
lavorare a tempo pieno	Vollzeit arbeiten
i suoceri	die Schwiegereltern
la lavanderia	die Wäscherei
il porto	der Hafen
le chiavi	die Schlüssel
a piedi	zu Fuß
e invece sì	*hier* doch

48 „Stellen“, „legen“ und „setzen“: Die Italiener tun sich leichter!

Egal ob Sie im Deutschen „stellen“, „legen“ oder „setzen“ sagen wollen, im Italienischen liegen Sie in vielen Fällen mit dem Gebrauch des Verbs *mettere* richtig. Aber Vorsicht: nicht immer! Denn bei einigen deutschen Ausdrücken mit „stellen“, „legen“ oder „setzen“, wird im Italienischen nicht *mettere* verwendet. Lernen Sie einige davon in der nächsten Übung kennen.

Verbinden Sie die linke mit der rechten Spalte zu sinnvollen Sätzen.

a	All'esame il professore mi …	1	le ha fatto la messa in piega.
b	Non riesco a concentrarmi. Potresti …	2	avevamo messo da parte un gruzzoletto.
c	Lia è andata dal parrucchiere che …	3	si mette in testa qualcosa, non lo ferma nessuno!
d	Per brindare a voi, miei cari, stasera …	4	ha posto una domanda a cui non ho saputo rispondere.
e	Massimiliano è molto testardo. Quando …	5	aumentare il riscaldamento?
f	Qui dentro fa un freddo cane. Si potrebbe …	6	abbassare il volume della radio, per favore?
g	Mio cugino è gentilissimo. Se vai da lui, …	7	ho messo in fresco una bottiglia di champagne.
h	Ci siamo potuti comprare una casa perché …	8	si mette a disposizione e ti risolve il problema.

Tragen Sie jetzt die italienischen Ausdrücke bzw. Verben neben die deutschen Entsprechungen ein.

______________________ kalt stellen
______________________ beiseite legen
______________________ eine Frage stellen
______________________ sich etw. in den Kopf setzen
______________________ sich zur Verfügung stellen
______________________ leiser stellen
______________________ das Haar legen
______________________ höher stellen

brindare	anstoßen
testardo	stur
un freddo cane	eine Hundekälte
il gruzzoletto	ein Sümmchen
risolvere	lösen

49 Borgen bringt Sorgen

Chi presta perde l'amico … e il denaro. Wer Geld verleiht, verliert den Freund und das Geld. Das ist nicht nur in Italien eine bittere Wahrheit.
Für „verleihen", „ausleihen", „leihen", „borgen" verwendet man im Italienischen das Verb *prestare*. Möglich ist auch der Ausdruck *dare in prestito*. *Farsi prestare* oder *prendere in prestito* heißen hingegen „sich leihen" oder „sich borgen".

Üben Sie sich im Ausdruck. Wandeln Sie die Sätze nach folgenden Mustern um.

Anna mi ha dato in prestito un libro.
Anna mi ha prestato un libro.

Lui ha preso in prestito un CD di Rocco.
Lui si è fatto prestare un CD da Rocco.

a La banca ci ha dato in prestito 20.000 euro.

____

b Ho preso in prestito il computer di papà.

____

c Da chi hai preso in prestito il trapano?

____

d Non prenderemmo mai in prestito la Ferrari di Silvio!

e Il mio amico Vito mi dà sempre in prestito il suo fucile da caccia.

f Hanno potuto darti in prestito il loro appartamento per una settimana.

g Vi dava sempre in prestito la sua macchina fotografica.

h Ogni lunedì Flora prende in prestito il motorino di Manlio.

i Che cosa avete preso in prestito da Iolanda?

j Prima non ti davo in prestito mai niente.

il trapano	der Bohrer
il fucile da caccia	das Jagdgewehr
la macchina fotografica	der Fotoapparat
il motorino	das Moped

50 Falsche Freunde

I confetti erano buonissimi ... Wie bitte? Essen die Italiener Papier? Natürlich nicht. Das Missverständnis liegt in der unterschiedlichen Bedeutung des Wortes *confetti*: Im Deutschen steht „Konfetti" für Papierschnipsel, im Italienischen bezeichnet es ein Zuckerkonfekt. Dieses Phänomen – ähnliches Wort / unterschiedliche Bedeutung – nennt man falsche Freunde. Und derer gibt es viele ... Viel Spaß beim Auffinden!

Übrigens: Noch mehr falsche Freunde finden Sie in Übung 89.

Im Kasten – waagrecht bzw. senkrecht – sind 24 italienische Wörter versteckt. Finden und ordnen Sie sie ihren deutschen Entsprechungen zu.

C	O	N	F	E	T	T	I	V	D	S	U	O	R	A	P	I	D
O	F	F	R	I	R	E	S	E	M	P	A	T	E	N	T	E	I
R	I	S	C	I	A	R	P	A	C	E	T	A	S	C	A	B	R
I	L	A	D	I	T	T	A	F	F	N	O	T	A	K	G	V	E
A	F	F	A	R	E	A	Y	T	I	D	I	T	I	U	L	O	T
N	O	N	N	E	L	G	S	B	R	E	V	E	T	T	I	T	T
D	I	R	I	G	E	N	T	E	M	R	O	G	A	L	A	O	O
O	M	V	I	T	A	E	G	H	A	E	B	O	R	S	A	T	R
L	A	M	E	T	T	A	P	A	E	S	S	C	I	A	L	L	E
I	E	M	S	A	C	C	O	O	F	F	G	I	A	C	C	A	A

________________ Nonne
________________ Großmütter
________________ Konfetti
________________ Zuckerkonfekt
________________ Dirigent
d'orchestra
________________ Betriebsleiter
________________ Patente
________________ Führerschein
________________ Schultertuch
________________ Schal
________________ Geschäft
________________ Firma
________________ Sakko

________________ Sack, Haufen
________________ Taille
________________ Kleidergröße
________________ (Schul-)Note
________________ Anmerkung, Note
________________ (Hand-)Tasche
________________ (Kleidungs-) Tasche
________________ (Rasier-)Klinge
________________ spendieren
________________ ausgeben
________________ Unterschrift

51 „Fremd"-sprachiges Italienisch: *Questo è chic, quello è kitsch.*

Wie andere Sprachen auch, ist das Italienische reich an Fremdwörtern.
Für einige gibt es italienische Synonyme, für andere nicht. Wenn man kein italienisches Wort zur Verfügung hat, das Fremdwort aber auch nicht verwenden will, dann bleibt nur die Umschreibung. Das ist das Thema der nächsten Übung.

Tragen Sie in das *cruciverba* die Fremdwörter ein, die den unten stehenden italienischen Ausdrücken bzw. Erklärungen entsprechen.

Orizzontali

1 Tensione nervosa.
4 Negozio elegante (d'abbigliamento).
6 Di cattivo gusto.
8 La Rete.
11 Elegante.
12 Persona importante del mondo politico, artistico, sportivo.
13 Accessorio del computer: in inglese significa "topo".

Verticali

1 Esercizi per sviluppare le capacità motorie.
2 Pantaloni di cotone molto resistente, in genere blu.
3 Panciotto.
5 Società che fornisce l'accesso alla rete Internet.
6 Salsa dolce o piccante a base di pomodoro, aceto e spezie.
7 Passatempo.
9 Opera cinematografica.
10 Vasca piccola e bassa usata per lavarsi le parti intime del corpo.

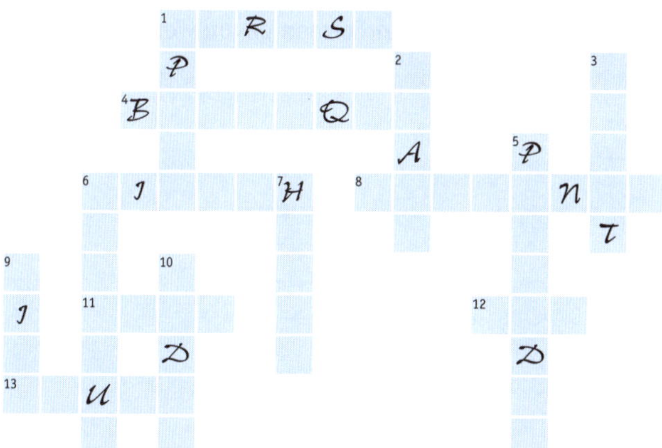

la tensione	die (An)Spannung
il gusto	der Geschmack
sviluppare	*hier* trainieren
la capacità	die Fähigkeit
motorio	Bewegungs-
resistente	strapazierfähig
il panciotto	die Weste
la società	*hier* das Unternehmen
fornire	liefern, *hier* ermöglichen
l'accesso	der Zugang
la salsa	*hier* der Dip, die Tunke
le spezie	die Gewürze
la vasca	*hier* die Schüssel

52 *Tutto è possibile:* Adjektive auf *-bile*

Die Adjektive mit Endung auf *-bile* werden in der Regel von einem Verb abgeleitet:

pensare → *pens**abile*** (denkbar) *potere* → *poss**ibile*** (möglich)

Versuchen Sie jetzt selbst Adjektive auf *-bile* zu bilden!

Setzen Sie aus den unten angegebenen Verben Adjektive mit Endung auf *-bile* zusammen. Achtung! Zwei Formen davon werden unregelmäßig gebildet.

mangiare → ____________________
raggiungere → ____________________
credere → ____________________
vivere → ____________________
ripetere → ____________________
sopportare → ____________________
leggere → ____________________
fare → ____________________
recuperare → ____________________
bere → ____________________

Ergänzen Sie die oben gebildeten Adjektive auf *-bile* im Singular oder Plural.

a I cocktail che prepara Pippo di solito fanno schifo. Questo invece è ____________ .
b Vorremmo terminare il lavoro entro la fine del mese. Che dici, ti sembra ____________ ?
c Monaco di Baviera è una città ____________ : il traffico è limitato, la qualità della vita è buona, c'è tanto verde ...
d Dopo tutto quello che è successo, penso proprio che i nostri politici non siano più ____________ .
e Allora, come va? Ti fa male la ferita? – Mah, il dolore è ____________ .
f In genere i medici hanno una brutta grafia, lo dicono tutti. Invece il mio medico di base ha una grafia piuttosto ____________ .
g Com'era la torta? – ____________ . Non era niente di speciale!
h Queste località sono ____________ solo con l'auto. Non sono collegate con i mezzi pubblici.
i Mi racconti le barzellette che hai sentito ieri sera in tv? – No, guarda, non sono ____________ : troppo volgari!
j Che ha detto il meccanico dell'auto? – Eh, la macchina è da rottamare. È ____________ solo qualche pezzo.

fare schifo	*hier* scheußlich schmecken
terminare	beenden
entro	binnen
il traffico	der Verkehr
limitato	begrenzt
dopo tutto quello che	nach allem, was
la ferita	die Wunde
la grafia	die Handschrift
il medico di base	der Hausarzt
la località	die Ortschaft
collegare	verbinden
la barzelletta	der Witz
volgare	vulgär
rottamare	verschrotten

53 *Si* – Das Wunderwort

Das Wörtchen *si* / *sì* (mit Akzent) taucht im Italienischen in den unterschiedlichsten Kontexten auf. Im Deutschen hat *si* / *sì* je nach Gebrauch andere Bedeutungen.

Vervollständigen Sie mit den unten stehenden Angaben und setzen Sie dabei auch *si* / *sì* ein.

sposano adoro beveva fuma note devono mangiavano vede ~~va~~ certo veste

a In Italia _sì_ _va_ a scuola da metà settembre fino alla fine di giugno.
b La mia collega ____ __________ sempre alla moda.
c Prima Riccardo ____ __________ una decina di tazze di caffè al giorno!
d Mi puoi aiutare un secondo? – ____ , __________ .
e Mio cugino ____ __________ due pacchetti di sigarette al giorno.
f I bambini ____ __________ lavare le mani prima di venire a tavola.
g Le __________ musicali sono sette: do, re, mi, fa, sol, la, ____ .
h ____ __________ che avete lavorato tanto. Avete una faccia davvero stanca!
i Lara e Gennaro ____ __________ in luglio nella basilica di S. Angelo in Formis.
j Quando ero piccolo, i miei fratelli ____ __________ sempre le mie caramelle preferite!
k Ti piace ballare? – ____ , __________ ballare e anche cantare.

Welche Bedeutungen hat *si* / *sì* im Deutschen? Listen Sie sie auf. In welchen Sätzen weist *si* keine deutsche Entsprechung auf und warum?

____

____

adorare	über alles lieben
la metà	die Hälfte
alla moda	modisch
la decina	etwa zehn
davvero	echt
la caramella	das Bonbon

54 *No* oder *non*? – Die Kunst des Verneinens!

Ein klares „Nein" heißt im Italienischen *no*. „Nicht" und „kein" bedeuten dagegen *non*. Leider gilt das nicht immer: denn *no* kann hin und wieder auch „nicht" bedeuten (z. B. *perché **no**?* → warum nicht?).

Außerdem wird im Italienischen des Öfteren ein *non* an Stellen eingesetzt, an denen man im Deutschen kein „nicht" einsetzen würde:
non** conoscevo **nessuno → ich kannte **niemanden**
Aber Vorsicht!
***nessuno** è venuto* → **niemand** ist gekommen.

Setzen Sie – wo nötig – *no* oder *non* ein.

a Avete finito di giocare a poker, o ______ ?
b Il sabato e la domenica ______ si lavora mai!
c Stasera ______ ho voglia di restare a casa. Vi va di fare un giro in centro?
d Il tempo si sta guastando. Domani probabilmente pioverà. – Speriamo di ______ .
e Nessuno ______ mi ha detto niente!
f In frigorifero ______ c'è niente da mangiare.
g Sei inglese? – ______ , ______ sono inglese, sono americano.
h ______ sono mai andato alla Scala di Milano.
i Che ore sono ? – ______ lo so, ______ ho l'orologio.
j Andiamo a dormire? – ______ , io ______ ho sonno. Voglio leggere un po'.
k Secondo te, hanno superato la crisi Patrizia e suo marito? – Credo proprio di ______ .
l Mai più ______ andremo al casinò. Abbiamo perso un sacco di soldi.
m Quale bracciale preferisci, questo o quello? – ______ mi piacciono né l'uno né l'altro.
n Nemmeno Valeria e Dario ______ vogliono iscriversi al corso di yoga.
o Ho un terribile mal di testa oggi. – ______ mi sento bene nemmeno io.
p Loro ______ hanno sete, hanno solo fame.

avere voglia	Lust haben
fare un giro	eine Runde drehen
guastarsi	schlecht werden
la Scala di Milano	*Mailänder Oper*
l'orologio	die Uhr
avere sonno	müde sein
superare	überstehen
proprio	wirklich
un sacco di soldi	ein Haufen Geld
il bracciale	das Armband
né … né	weder … noch
nemmeno	auch nicht
iscriversi	sich anmelden
terribile	schrecklich

55 Ein Übel kommt selten allein: *brutto, cattivo* und *male*

Brutto, cattivo und *male* übersetzt man im Deutschen mit „schlecht".
Doch Vorsicht:

- *Brutto* und *cattivo* können auch „böse" und „hässlich" bedeuten.
- Die Wahl zwischen *brutto* oder *cattivo* hängt vom Kontext ab.
- Verwenden Sie *cattivo* oder *brutto* nur, wenn sich diese auf Substantive oder Personen beziehen.
- Verwenden Sie *male* ausschließlich, wenn es sich auf ein Verb bezieht.

All das werden Sie in der nächsten Übung in die Praxis umsetzen:
niente male, nicht schlecht, oder?

Vervollständigen Sie mit den unten stehenden Angaben.

cattivo (2×) cattivi brutti male (6×) cattiva brutto (2×) brutte

a No, guardi, i pantaloni a vita bassa non li voglio, mi stanno __________ .
b Beh, come va? – __________ ! La ditta ha chiuso e ho perso il lavoro.
c Mangiare guardando la tv è una __________ abitudine.

d Sì, lo devo ammettere, ho un __________ carattere.
e Lo sai che Barbara sta __________ ? Ha la polmonite.
f Oggi i giocatori, in campo, si sono comportati veramente __________ .
g Lasciatemi stare, per piacere, perché sono di __________ umore!
h Ho dovuto buttar via la carne perché era andata a __________ .
i __________ notizie! Dobbiamo rimandare la partenza perché domani c'è lo sciopero dei treni.
j Basta, fate solo scherzi di __________ gusto!
k Ehi, che faccia! Che hai? – Ah, niente, mi fa __________ la schiena.
l Ma perché mi prendete sempre in giro? Siete proprio __________ !
m Com'era il tempo in Inghilterra? – __________ . Ha piovuto tutto il tempo.
n Questi stivali non mi piacciono, sono __________ !

i pantaloni a vita bassa	die Hüfthose
l'abitudine, *f*	die Gewohnheit
ammettere	zugestehen, zugeben
la polmonite	die Lungenentzündung
il giocatore	der Spieler
il campo	*hier* der Fußballplatz
l'umore, *m*	die Laune
buttar(e) via	wegwerfen
rimandare	verschieben
la partenza	die Abreise
lo sciopero	der Streik
la schiena	der Rücken
prendere in giro	sich lustig machen

56 Der „finale" Unterschied: *finalmente* und *alla fine*

Hier geht es um zwei nützliche Ausdrücke, bei denen Verwechslungsgefahr besteht: *finalmente* und *alla fine*. Beachten Sie daher:

- Will man Zufriedenheit über das Eintreten eines Geschehens ausdrücken, verwendet man *finalmente* (= endlich).
- Will man auf die Letzte von mehreren Handlungen hinweisen, wird *alla fine* (= schließlich, am Ende, zu guter Letzt) benutzt.

***Finalmente* oder *alla fine*? In folgenden Sätzen haben sich acht Fehler eingeschlichen. Suchen und korrigieren Sie sie.**

a Eh, finalmente ti fai vivo! Ma dove ti eri cacciato?
b Gli ospiti sono andati via e adesso siamo alla fine soli!
c E finalmente che cosa è successo?
d E all'università come va? – Bene, finalmente ho finito tutti gli esami.
e Ho ricevuto una promozione. – Oh, finalmente una buona notizia!
f È stata una brutta esperienza: ho sudato freddo ma finalmente è andato tutto bene.
g Domani, alla fine, è domenica. Mi posso riposare.
h Finalmente si è concretizzato un desiderio che avevo da tanto tempo.
i Finalmente sono venute anche Irene e Mirella, perciò eravamo in sei.
j Dimmi chi è l'assassino! – Non lo so ancora, si scopre alla fine!
k Beh, finalmente chi ha vinto? – Noi naturalmente!
l Mamma mia, alla fine anche tu sei caduta nella trappola!
m Mi sono informato bene e alla fine penso di aver scelto il prodotto migliore.
n Oggi alla fine Ottavio mi ha chiesto di sposarlo.
o Ho parlato per due ore e finalmente ho notato che non mi aveva capito nessuno.
p Dopo tanta fatica, finalmente si vedono i primi risultati!

farsi vivo	sich melden
dove ti eri cacciato	wo bist du denn abgeblieben
la promozione	die Beförderung
sudare freddo	in kalten Schweiß ausbrechen
concretizzarsi	sich verwirklichen
il desiderio	der Wunsch
l'assassino	der Mörder
scoprire	entdecken
cadere nella trappola	in die Falle gehen
la fatica	die Mühe
il risultato	das Ergebnis

57 Bekanntschaft mit „kennen" und „kennenlernen"

Für die beiden deutschen Verben „(sich) kennen" und „(sich) kennenlernen" benutzt man im Italienischen nur ein Verb: *conoscere / conoscersi* (reflexiv). In den Vergangenheitsformen gilt aber eine Besonderheit:

- Steht *conoscere / conoscersi* im *imperfetto*, dann bedeutet es immer „(sich) kennen".
  Non la conoscevi? — Kanntest Du sie nicht?
- Steht *conoscere / conoscersi* hingegen im *passato prossimo*, dann bedeutet es immer „(sich) kennenlernen".
  Ci siamo conosciuti in treno. — Wir haben uns im Zug kennengelernt.

Ergänzen Sie mit dem Verb *conoscere / conoscersi* in der richtigen Zeitform (*presente, passato prossimo* oder *imperfetto*).

a Hai sentito l'ultimo CD di Laura Pausini? – No, non lo ______________ . Lo sai che la musica non mi piace molto …

b Mi dispiace, non ho il numero di telefono dei signori Boldi. Li ______________ solo di vista.

c Ieri, al seminario, (io) ______________ un ragazzo ungherese che lavora qui a Modena.

d Allora, racconta, com'è andata con i genitori di Monica? Come sono? – Ma guarda che io li ______________ già! Solo che questa volta mi sono presentato, per così dire, "ufficialmente".
e Quando (noi) ______________ , tu portavi i capelli lunghi. Te lo ricordi?
f L'altra sera mi sono divertita un sacco. Sono andata a cena con un ragazzo, Fabio Malatesta. – Davvero? Sai, l'______________ un paio di settimane fa e devo dire che è un tipo brillante!
g Domenica scorsa finalmente sono riuscito a vedere il film "Cento passi". Bellissimo! – Ah, non lo ______________ ? E sì, è molto bello.
h Se hai bisogno di aiuto, fammelo sapere. Mio padre ______________ molte persone influenti.
i Quando ______________ tu e Ferdinando? – Tre anni fa, se non mi sbaglio.
j Mio marito e io ______________ gli Stati Uniti perché ci abbiamo vissuto tre anni.
k Vi siete divertiti alla festa sabato scorso? – Beh, non tanto. C'era parecchia gente, ma noi non ______________ nessuno.

Laura Pausini	*Sängerin (*1974)*
di vista	flüchtig
presentarsi	sich vorstellen
per così dire	sozusagen
ufficialmente	offiziell
divertirsi	sich amüsieren
un sacco	*hier* sehr
riuscire	es schaffen
fammelo sapere	sag mir Bescheid
influente	einflussreich
se non mi sbaglio	wenn ich mich nicht irre
non tanto	nicht so sehr
parecchio	ziemlich viel

58 „Erfahren" ist „Wissen": *sapere*

Das italienische Verb *sapere* bedeutet im Deutschen sowohl „wissen" als auch „erfahren, herausfinden" (für Letzteres kann man auch *venire a sapere* sagen).

Bei Handlungen in der Vergangenheit tritt bei *sapere* folgende Besonderheit auf:

- Steht *sapere* im *imperfetto*, dann bedeutet es immer „wissen".
  Non lo sapevo! Ich wusste es nicht!
- Steht *sapere* hingegen im *passato prossimo*, dann hat es immer die Bedeutung „erfahren".
  L'ho saputo ieri! Ich habe es gestern erfahren.

Übersetzen Sie mit *sapere* in der richtigen Zeitform.

a Hast du gewusst, dass Mario ein tolles Jobangebot in Brüssel bekommen hat?

b Ich weiß nicht, ob ich studieren will. Ich würde eigentlich lieber arbeiten.

c Verdammt, ich wusste es! Gerade heute hat der Zug Verspätung.

d Wann ist das nächste Spiel? Wie kann ich das herausfinden?

e Wenn alles gut läuft, erfahre ich es am Ende des Monats.

f Wir haben eben erfahren, dass Flavio einen schweren Autounfall hatte.

g Attilio und Silvana haben sich ein Bauernhaus gekauft. – Wirklich? Das habe ich nicht gewusst.

h Ich wollte wissen, ob meine Unterlagen fertig sind.

i Wann habt ihr es erfahren? – Gerade eben. Wir haben es in der Zeitung gelesen.

j Habt ihr gewusst, dass der Besitzer vom Haushaltswarengeschäft Pleite gegangen ist?

k Wir erfahren nie was. Niemand sagt uns, was passiert.

l Bianca hat entbunden. – Ja, ich wusste es schon.

m Ich muss unbedingt herausfinden, wo Amedeo jetzt wohnt. Ich muss ihm ein Buch zurückgeben.

n Von wem hast du es erfahren? – Von Orlando.

un'ottima offerta di lavoro	ein tolles Jobangebot
Bruxelles	Brüssel
ricevere	bekommen
frequentare l'università	studieren
maledizione	verdammt
proprio	gerade
il ritardo	die Verspätung
la partita	*hier* das Spiel
andare bene	gut laufen
la fine	das Ende
appena	eben
grave	schwer
l'incidente d'auto	der Autounfall
il casale	das Bauernhaus
i documenti	die Unterlagen
proprio adesso	gerade eben
il proprietario	der Besitzer
il negozio di elettrodomestici	das Haushaltswarengeschäft
fallire	Pleite gehen
partorire	entbinden
restituire	zurückgeben

59 Das Wort der Macher: *fare*

Das Verb *fare* heißt „machen" oder „tun" und ist ein regelrechtes Wunderverb. Doch aufgepasst, *fare* entspricht nicht immer „machen" oder „tun", „machen" oder „tun" entsprechen nicht immer *fare*. Dazu einige Beispiele:

***Hai fatto**?*	≠	**Bist du fertig?**
*Il vaso **sta** bene sul tavolo.*	≠	Die Blumenvase **macht** sich gut auf dem Tisch.

Verbinden Sie zunächst die deutschen Sätze mit ihren italienischen Entsprechungen. Vervollständigen Sie dann die italienischen Sätze mit der passenden Form von *fare* (oder evtl. *farsi*).

a	Seine Mutter ist Ärztin.	1	I biglietti li potete ________ lì.
b	Wo hast du meine Tasche hingetan?	2	In vacanza mi piace ________ amicizia con gente nuova.
c	Im März wird Teresa 18.	3	Devo ancora ________ i piatti.
d	Es ist spät geworden. Wir müssen gehen.	4	Santo cielo, avete sporcato tutto il pavimento.
e	Dort können Sie die Fahrkarte lösen.	5	Non mi va di ________ la doccia.
f	Ich muss noch die Teller abwaschen.	6	________ tardi. Dobbiamo andare.
g	Sie haben viel zu tun.	7	Andiamo a ________ il bagno?
h	Lasst uns heute Pizza backen!	8	Hai pulito tutto?
i	Fühl dich wie zu Hause!	9	Non ci posso ________ niente.
j	Ich kann daran nichts ändern.	10	Sergio studia / ________ biologia.
k	Oje, ihr habt den ganzen Boden schmutzig gemacht.	11	Dove hai messo la mia borsa?
l	Sergio studiert Biologie.	12	A marzo Teresa ________ diciotto anni.
m	Hast du alles sauber gemacht?	13	Hanno molto da ________ .
n	Ich habe keine Lust zu duschen.	14	Sua madre ________ il medico.
o	Ich hatte einen schönen Traum!	15	Oggi non ________ la barba!
p	Heute hast du dich nicht rasiert!	16	________ un bel sogno!
q	Im Urlaub schließe ich gerne Freundschaft mit neuen Leuten.	17	________ come se fossi a casa tua!
r	Wollen wir baden gehen?	18	________ la pizza oggi!

60 Schlagfertigkeit auf Italienisch!

Trainieren Sie, wie man freundlich und routiniert antwortet.

Bilden Sie Satzpaare, indem Sie die passende Reaktion suchen.

a ~~A settembre mi sposo!~~
b Aspetto un bambino.
c Tanti auguri di buon compleanno!
d L'esame è andato male, purtroppo.
e Mi sono laureato con il massimo dei voti.
f Ercole è stato assunto in un'azienda americana.
g Avanti, prendine ancora! Non fare complimenti!
h Mi dispiace, non posso venire domani alla partita con te.
i È permesso?
j Allora, facciamo un brindisi?
k Domani partiamo per le vacanze!
l Ti ho svegliato? Oh, scusami!

☐ Sei incinta? Auguri!
☐ Bravo! Congratulazioni!
☐ Cin, cin!
a ~~Che bello! Sono contento per te!~~
☐ Oh, grazie! Ma come lo sai?
☐ Davvero? Devo chiamarlo per fargli i complimenti.
☐ Mi dispiace. La prossima volta andrà meglio.
☐ Prego, si accomodi!
☐ Non ti preoccupare, non fa niente.
☐ Ok, va bene. Prendo altre due polpette, che sono buonissime.
☐ Beati voi! Divertitevi anche per me!
☐ Peccato, sarà per un'altra volta!

Beati voi!	Ihr Glücklichen!
Come lo sai?	Woher weißt du das?
essere assunto	angestellt werden
essere incinta	schwanger sein
fare un brindisi	anstoßen
laurearsi	das Studium abschließen

61 *Papa – papà*: Der Ton macht die Musik!

Im Italienischen gibt es Wörter, deren Bedeutung von der Betonung abhängig ist. Man unterscheidet hier zwischen

- Wörtern, die sich durch einen einzigen Akzent auf der letzten Silbe unterscheiden: *pạpa* (Papst) / *papà* (Papa)
- und Wörtern, die absolut identisch sind und trotzdem unterschiedlich betont werden: *pẹrdono* (sie verlieren) / *perdọno* (Vergebung). Der grafische Akzent wird hier nicht gesetzt, da die Betonung innerhalb des Wortes liegt.

Vervollständigen Sie die Sätze mit den unten stehenden Wörtern. Achtung! Die Betonung innerhalb des Wortes wird durch einen Punkt unter dem betonten Vokal angezeigt.

pero   però   princịpi   prịncipi   ancọra   ạncora   subịto   sụbito   pure   purè   cạpitano   capitạno   vọlano   volạno

a C'è Simone? – No, non è __________ tornato.
b Senti, per piacere, quando vai al supermercato, comprami due chili di zucchero e __________ un chilo di sale.
c Per favore, vieni __________ qua!
d Guarda quanti uccelli __________ in cielo!
e Vengo sicuramente anch'io in discoteca, __________ arrivo più tardi.
f Ti piace il __________ di patate? – Mm, certo! Lo fai stasera?
g Il mio direttore è un uomo di saldi __________ .
h I miei nonni hanno un giardino con tanti alberi da frutta: aranci, ciliegi e un __________ .
i Il papà di Flora è __________ di una nave da crociera.
j Walter, per fortuna sei arrivato. Sei la mia __________ di salvezza!
k I ragazzi sono sulla spiaggia, stanno giocando al __________ .
l I vicini hanno __________ un furto.
m Queste cose __________ solo a te!
n I miei antenati erano __________ . – Ah, allora hai origini nobili!

il pero	der Birnbaum
il principe	der Fürst
l'ancora	der Anker
subito (subire)	erlitten
il volano	der Federball
saldo	fest
l'arancio	der Orangenbaum
il ciliegio	der Kirschbaum
la salvezza	die Rettung
il furto	der Diebstahl
l'antenato	der Vorfahre
l'origine, *f*	*hier* die Wurzel

62 Umdenken und umstellen: die doppelten Pronomen

Als doppelte Pronomen bezeichnet man Pronomen, die hintereinander stehen: z. B. *me lo*, „es mir". Es gilt dabei Folgendes zu beachten:

- Die Pronomen *mi, ti, ci, vi, si* verändern ihre Form, wenn sie zusammen mit *lo, la, li, le, ne* stehen: z. B. wird *mi* dabei zu *me*. Die deutschen Pronomen hingegen behalten ihre Form.
- Die Pronomen *gli/le/Le* verschmelzen mit *lo, la, li, le, ne* zu einem einzigen Wort. Sie lassen sich dann nicht mehr unterscheiden: z. B. kann *glielo* „es ihm", „es ihr" und „es ihnen" bedeuten.
- Des Weiteren steht im Italienischen das indirekte Pronomen bzw. Reflexivpronomen vor dem direkten Pronomen (z. B. *me la*). Im Deutschen ist es genau anders herum (z. B. „sie mir").

Deshalb gilt bei den doppelten Pronomen: immer umdenken und umstellen!

Übersetzen Sie.

a Das ist meine Tasche. Gibst du sie mir bitte?

____

b Wir haben das Problem nicht verstanden. Können Sie es uns nochmals erklären?

____

c Ich muss ihm helfen. Ich habe es ihm versprochen.

d Mm, frisches Brot! Würdest du mich bitte ein Stück (davon) probieren lassen?

e Das ist ein tolles Hotel. Ich kann es Ihnen nur empfehlen.

f Die Geschichte war super! – Ich erzähle sie euch morgen noch einmal.

g Da ist dein Glas. Soll ich es dir holen?

h Meine Haare sind nass. Ich muss sie mir sofort abtrocknen.

i Oh, das neue Buch von Andrea De Carlo! Leihst du es mir, wenn du es gelesen hast?

j Wenn ihr Orangen mögt, geben wir euch eine Kiste (davon).

k Die Hose ist zu lang. Kannst du sie mir kürzen?

l Ich habe meinen Kugelschreiber vergessen. – Ich gebe dir einen von meinen.

m Du darfst es ihnen nicht sagen!

n Ich brauche einen Moment Ihre Schlüssel. Ich bringe sie Ihnen gleich wieder.

capire	verstehen
spiegare	erklären
promettere	versprechen
il pezzo	das Stück
far provare	probieren lassen
magnifico	toll
consigliare	empfehlen
la storia	die Geschichte
fantastico	super

il bicchiere	das Glas
prendere	holen
i capelli	die Haare
bagnato	nass
asciugarsi	sich abtrocknen
prestare	leihen
quando	wenn
l'arancia	die Orange
la cassetta	die (kleine) Kiste
i pantaloni	die Hose
accorciare	kürzen
la penna	der Kugelschreiber
hier **dovere**	dürfen
servire	brauchen
la chiave	der Schlüssel
riportare	wiederbringen

63 *Che* und *che* und noch mal *che*

Che ist eines der häufigsten und wichtigsten italienischen Wörter. Es lohnt sich daher, seine Anwendungsmöglichkeiten gut zu kennen. Am häufigsten wird *che* im Deutschen mit den Relativpronomen „der, die, das" wiedergegeben, oft entspricht es aber auch dem Bindewort „dass". Was *che* sonst noch alles bedeuten kann, werden Sie in der nächsten Übung feststellen.

Bilden Sie Sätze oder Minidialoge mit *che* und den jeweils angegebenen Elementen.

a ho conosciuto questo è in treno. il ragazzo
Questo è il ragazzo che ho conosciuto in treno.

b fatto ieri di particolare. avete sera? niente
_______________ – _______________

c peccato! non posso domani. venire
_______________ – _______________

d il mio | ti | piace | nuovo? | bracciale | bello!

________________ – ________________

e pensando? | a | Roberta, | stai

____

f sul tavolo | è | è | un regalo | la cornice | di | matrimonio.

____

g Vittorio | notizia! | candidarsi. | ha | di | deciso

________________ – ________________

h più | viaggiare | io | in aereo. | in treno | preferisco

____

i una | lo | persona | disponibile. | sei | estremamente | so

____

j brace. | la carne | in | mangio | sia | padella | alla

____

k sappia, | in Russia | io | si è trasferito | per | Alberto | lavoro.

____

l nato | mio | ho dimenticato | fratello! | in | è | giorno

____

Welche Bedeutungen hat das Wort *che* noch?

____

particolare	besonderer, -e, -es
peccato!	schade!
il bracciale	das Armband
la cornice	der Rahmen
il matrimonio	die Hochzeit
candidarsi	kandidieren
disponibile	hilfsbereit
la padella	die Pfanne
alla brace	gegrillt
sappia (*congiuntivo*)	*hier* ich weiß
trasferirsi	umziehen
dimenticare	vergessen

64 *Mentre* und *durante*: ein ungleiches Paar

Mentre und *durante* kann man im Deutschen mit „während" wiedergeben. Doch wann verwendet man *mentre*, wann *durante*?

Sehen Sie sich die Beispiele an und vervollständigen Sie dazu die Regeln:

Mentre *guardavo la partita, mi sono addormentato.*	Während ich das Spiel anschaute, bin ich eingeschlafen.
Durante *la partita mi sono addormentato.*	Während dem Spiel bin ich eingeschlafen.

– ____________ verwendet man, wenn „während" einen Nebensatz einleitet.
– ____________ verwendet man, wenn „während" ein Hauptwort begleitet.

Setzen Sie *mentre* oder *durante* ein. Formulieren Sie die Sätze dann um.

a Mentre cenavamo abbiamo visto il telegiornale.
Durante la cena abbiamo visto il telegiornale.

b ____________ seguivo la lezione ho dovuto spegnere il cellulare.

____

c Un mio collega si è sentito male ____________ sosteneva l'esame.

____

d ____________ la discussione sul nuovo progetto si sono valutati diversi fattori di rischio.

____

____

e Signora, per cortesia, ____________ sarò via, innaffi i fiori tutti i giorni.

____

____

f ____________ ero in ferie mi hanno svaligiato l'appartamento.

____

g Ieri mattina, ⌊__________⌋ facevano colazione, hanno ricevuto una notizia inaspettata.

____

____

h Il pubblico applaudiva entusiasticamente ⌊__________⌋ il conferimento dei premi da parte della giuria.

____

____

il telegiornale	die Nachrichten
spegnere	ausschalten
sostenere	ablegen
si sono valutati	wurden eingeschätzt
il fattore di rischio	der Risikofaktor
innaffiare	gießen
svaligiare	ausplündern
inaspettato	unerwartet
applaudire	klatschen
entusiasticamente	begeistert
il conferimento	die Verleihung
da parte di	von, von Seiten

65 Und täglich grüßt die Präposition!

Erneut befassen wir uns mit den „hartnäckigen" Präpositionen *di, a, da, in, con, su, per, tra / fra*, unter die sich diesmal ein Paar neue mischen: *senza* („ohne"), *fino a* („bis"), *vicino a* („in der Nähe", „neben"), *sotto* („unter"), *dopo* („nach"), *invece di* („anstelle von", „statt"), *dietro a* („hinter"), *verso* („gegen"), *fa* („vor", zeitlich), *secondo* („nach").

Ergänzen Sie mit den folgenden Präpositionen: *di, senza, a, fino a, vicino a, da, in, sotto, dopo, con, invece di, su, per, dietro a, tra / fra, verso, fa, secondo.* Wo nötig, verbinden Sie die Präpositionen mit dem dazu passenden bestimmten Artikel.

a ________ carnevale mi sono mascherato ________ pirata.
b ________ tre mesi cominciano i campionati ________ mondo ________ calcio.
c Devo andare ________ fruttivendolo a fare la spesa. Vuoi venire ________ me?
d Lo sai chi abita ________ casa nostra? Il fratello ________ dottoressa Pasca.
e Il caffè lo preferisco amaro. – Bevi il caffè ________ zucchero!
f A che ora rientrate? – ________ le sette, o forse anche un pochino più tardi.
g ________ questa pioggia non esco di certo! Rimango ________ casa all'asciutto!
h Dov'è Luigia? – È andata ________ biblioteca perché doveva restituire dei libri che aveva preso ________ prestito.
i Andiamo a giocare a bowling stasera? – No, mi dispiace, non posso. Devo rimanere ________ ufficio ________ nove.
j ________ andare ________ ristorante, perché non ordiniamo semplicemente una pizza?
k Scrivo la tesi ________ laurea ________ un pittore inglese ________ XX secolo.
l ________ la laurea mi piacerebbe fare un master ________ estero.
m Scusi, a che ora parte il primo treno ________ Reggio Calabria?
n Marina, le valigie dove le mettiamo? – Guarda, per il momento mettile là, ________ divano.
o ________ te quale vestito dovrei indossare domani?
p Come sempre Oreste è ________ ritardo. Che facciamo, lo aspettiamo o ci avviamo?
q Quando vi siete conosciuti? – Dieci anni ________ .
r Dove si è cacciato il cane? – Si è nascosto ________ il letto.

mascherarsi	sich verkleiden
il campionato	die Meisterschaft
il fruttivendolo	der Gemüsehändler
amaro	bitter, ungesüßt
rientrare	zurückkehren
la pioggia	der Regen
all'asciutto	im Trockenen
restituire	zurückgeben
la tesi	*hier* die Arbeit
la laurea	das Diplom, der Magister
il pittore	der Maler
il secolo	das Jahrhundert
per il momento	vorläufig
il divano	die Couch
indossare	anziehen
il ritardo	die Verspätung
avviarsi	sich auf den Weg machen
cacciarsi	stecken bleiben
nascondersi	sich verstecken

Dove si è cacciato il cane?

66 Der Schein trügt: *andare* und *venire*

Leider heißt *andare* nicht immer nur „gehen" und „fahren" (siehe Übung 8) und *venire* nicht immer nur „kommen". Vergleichen Sie selbst!

Verbinden Sie die links stehenden deutschen Sätze mit den italienischen Entsprechungen. Vervollständigen Sie dann die italienischen Sätze mit den unten stehenden Angaben.

va consegnato | non mi va | vanno | insomma | viene | andare | mi viene | mi fa venire | crescere | mi è venuto | è andata a finire | stai | mi è venuta

a	Wollen wir Lego spielen? – Nein, ich habe keine Lust.	1	Scusi, questo quanto ________ ?
b	Wie ist die Geschichte ausgegangen?	2	I miei figli ________ molto bene a scuola.
c	Ich habe die Grippe bekommen.	3	Com' ________ la storia?
d	Meine Kinder sind sehr gut in der Schule.	4	L'odore della vernice ________ il mal di testa.
e	Entschuldigen Sie, wie viel kostet das?	5	Il modulo d'iscrizione ________ entro la fine di febbraio.
f	Der Teig muss ein Paar Stunden gehen.	6	Vogliamo giocare con le costruzioni? – No, ________ .
g	Ich musste so lachen!	7	________ l'influenza.
h	Der Lackgeruch ruft bei mir Kopfschmerzen hervor.	8	Giulio, come ________ ? – ________ .
i	Das Anmeldeformular muss bis Ende Februar abgegeben werden.	9	Quando il tempo è così bello, ________ subito voglia di ________ al mare.
j	Wenn das Wetter so schön ist, bekomme ich sofort Lust ans Meer zu fahren.	10	La pasta deve ________ alcune ore.
k	Giulio, wie geht es dir? – Es geht.	11	________ da ridere!

Und nun decken Sie die italienische Spalte ab und versuchen Sie die deutschen Sätze ins Italienische zu übersetzen.

67 *Passare:* ein Verb mit vielen Facetten

Das Verb *passare* kann in den unterschiedlichsten Kontexten verwendet werden. Im Deutschen gibt es für *passare* mehrere Entsprechungen, welche Sie hier unten kennenlernen werden. Aber Vorsicht: Verwechseln Sie nie *passare* mit „passieren" im Sinne von „geschehen" (*succedere*), mit „Gemüse passieren" *(passare la verdura)* und auch nicht mit „passen" im Sinne von „passend" (*andare bene*).

Vervollständigen Sie, indem Sie die Angaben in Klammern übersetzen.

a La strada era bloccata al traffico e quindi (konnten wir nicht durchfahren) ______________________ .

b Scusa, (reichst du mir) ______________ il pepe, per favore?

c Vorrei parlare con la professoressa Ferri, per cortesia. – Sì, un attimo, (ich gebe Sie Ihnen) ______________ .

d (Sie haben verbracht) ______________ tutta l'estate nella villa al mare.

e Allora, (passt Ihnen der Rock) ______________ ? – No, è troppo larga sui fianchi.

f Poiché avevamo perso le chiavi di casa, (sind wir durch den Garten gegangen) ______________ e abbiamo forzato la finestra del salotto.

g Probabilmente c'è stato un incidente perché (sind gerade vorbeigefahren) ______________ due auto della polizia a sirene spiegate.

h (Es sind zwei Jahre vergangen) ______________ dall'ultima volta che ci siamo viste.

i (Was ist passiert) ______________ ? Hai una faccia! – Laura mi ha lasciato.

j Prima devi cuocere le carote per alcuni minuti e poi (muss du sie passieren) ______________ .

k Ciao, Marina, sono Vera. (Ich würde gerne kurz bei dir vorbeikommen) ______________ . Sei a casa? Ti disturbo?

l (Wir haben schwere Zeiten durchgemacht) ______________ ______________ quando Rosario ha perso il lavoro e non sapevamo come fare a pagare il mutuo della casa.

Welche deutschen Verben entsprechen *passare*?

bloccare	sperren
il traffico	der Verkehr
il fianco	die Hüfte
forzare	aufbrechen
il salotto	das Wohnzimmer
a sirene spiegate	mit Sirenengeheul
momenti difficili	schwere Zeiten
il mutuo	das Darlehen

68 Spielarten eines Verbs: Mit *provare* probieren!

In der folgenden Übung geht es ausschließlich um das Verb *provare* und seine vielfältigen Ausdrucksmöglichkeiten.

Ergänzen Sie mit *provare* in der passenden Zeitform. Benutzen Sie eine der folgenden Zeiten: *presente, passato prossimo, imperfetto, trapassato prossimo, futuro, imperativo, infinito, stare + gerundio, condizionale presente.*

a Se fossi milionario, ____________________ la soddisfazione di non lavorare più. Farei solo le cose che mi piacciono.

b Vorrei comprare un cellulare nuovo, ma non so quale. – Sai, ho scoperto che c'è un sito dove puoi ____________________ i cellulari on line, praticamente in modo virtuale. Così puoi capire quale telefono è più adatto alle tue esigenze, prima di comprarlo.

c Poiché (loro) non ____________________ abbastanza prima della tournée, c'è voluta molta attenzione durante lo spettacolo.

d Ehi, Mimma, ieri (io) ____________________ una nuova ricetta veramente buona e facilissima da fare.

e La scorsa estate ho girato l'Inghilterra, la Scozia e l'Irlanda da solo, con zaino e sacco a pelo. È stata un'esperienza indimenticabile. Erano anni che non ____________________ una sensazione simile!

f Domenica prossima affronteremo una squadra difficile da battere. Sarà dura, ma ____________________ a vincere.

g Senta, scusi, vorrei ____________________ quel cappotto grigio che è in vetrina. – Sì, certo. Che taglia porta?

h Al corso di degustazione, dopo una parte teorica, i partecipanti ____________________ vini bianchi, vini rossi e spumanti, valutandone l'origine, lo stato di conservazione e l'aroma.

i Guglielmo! ____________________ un'altra volta a chiudere tua sorella nell'armadio e ti faccio vedere cosa ti succede!

j L'avvocato è riuscito a ____________________ l'innocenza dell'imputato.

k Che stanno facendo Giuliana, Peppe e Angelo? – ____________________ la nuova commedia che ha scritto Peppe. Pare che sia divertentissima.

l Scusi, com'è questo prosciutto crudo? Questo qui davanti? – Ottimo, signora. Prego, ne ____________________ una fetta.

Also? Mit welchen deutschen Verben lässt sich *provare* wiedergeben?

____

____

se fossi	wenn ich wäre
la soddisfazione	die Befriedigung
il sito	die Website
virtuale	virtuell
l'esigenza	der Anspruch
lo zaino	der Rucksack
il sacco a pelo	der Schlafsack
indimenticabile	unvergesslich
affrontare	antreten
la squadra	die Mannschaft
battere	schlagen
la degustazione	die Probe
il partecipante	der Teilnehmer
valutare	bewerten
lo stato di conservazione	der Erhaltungszustand
l'innocenza	die Unschuld
l'imputato	der Angeklagte

69 Gegenteiliges: *Rendere possibile ciò che sembra impossibile.*

„Das Unmögliche möglich machen." *Possibile* (möglich) und *impossibile* (unmöglich) werden hier als zwei gegenteilige Adjektive gegenübergestellt. Dabei wird aus der positiven Form *possibile* durch Anhängen der Vorsilbe *im-* die negative Form *impossibile* gebildet. Ähnlich verfährt man mit vielen italienischen Adjektiven.

Die gebräuchlichsten Vorsilben sind *in-*, *il-*, *im-*, *ir-* und *s-*. Z. B. *tollerabile* → ***in**tollerabile*, *lecito* → ***il**lecito*, *responsabile* → ***ir**responsabile*, *leale* → ***s**leale*. Es gibt leider keine feste Regel, wann man welche Vorsilbe gebraucht. Das ist Lernsache.

Bilden Sie aus den folgenden Wortsegmenten Adjektive und ordnen Sie sie ihren deutschen Entsprechungen zu. Schreiben Sie dann das jeweilige Gegenteil daneben.

ce | favo | rabile | polare | revole

bile | ~~mo~~ | gico | spiace | sto | ripe

illo | irraggiun | pace

le | nale | vole | gale

tese | lare | ingiu

tibile | infe | cor

perso | impo | feli | tabile

dele | indimen | immo | ~~rale~~ | inca | insospet

irrespi | gibile

ticabile | supe | rego | rabile

moralisch	*morale*	→	*immorale*
günstig	______	→	______
nicht atembar	______	→	______
regelmäßig	______	→	______
unerreichbar	______	→	______
legal	______	→	______
untreu	______	→	______
ungerecht	______	→	______
wiederholbar	______	→	______
unlogisch	______	→	______
höflich	______	→	______
überwindbar	______	→	______
unbeweglich	______	→	______
unerfreulich	______	→	______
unvergesslich	______	→	______
ungeahnt	______	→	______
glücklich	______	→	______
persönlich	______	→	______
unpopulär	______	→	______
unfähig	______	→	______

70 Dasselbe, nur anders!

In der folgenden Übung geht es um Sätze, die im Deutschen und im Italienischen die gleiche Bedeutung haben, sich aber im Satzbau und Gebrauch des Verbs erheblich unterscheiden, wie z. B. Mir ist warm. → ***Ho*** *caldo*.

Ergänzen Sie mit folgenden Verben in der richtigen Zeitform: *andare, dare* (2×), *essere, dovere, trattare, fare* (3×), *sentirsi, avere* (4×), *stare* (2×), *venire.*

a Scusa, quanti anni ______ ? – Ventiquattro.
b Come ______ i tuoi genitori? – Bene, grazie.
c ______ freddo qui! Si può accendere il riscaldamento?
d Potrei parlare con il dottor Rossi? Si ______ di una questione urgente.
e I bambini ______ sonno. Li porto a dormire.

f La nostra camera da letto ____________ sulla strada, purtroppo.
g Stasera dobbiamo mangiare le salsicce, altrimenti ____________ a male.
h Giorgio, quanto ti ____________ per il biglietto? – Niente, figurati!
i Bene, vi siete divertiti. Mi ____________ piacere.
j Martina, ____________ freddo? Ti prendo una coperta?
k Ieri sera mi ____________ in mente che abbiamo dimenticato di invitare Luca.
l Avanti, quanti anni mi ____________ ? – Mah, non ne ho idea.
m Ehi, Clelia, ____________ proprio bene / ____________ proprio un bell'aspetto!
n ____________ male. Forse è meglio se vado a casa.
o L'ombrello, che lo hai portato a ____________ ? Non piove!
p ____________ tanto che non vedo Vilma.

Überprüfen Sie jetzt in den Lösungen. Übersetzen Sie die Sätze dann ins Deutsche und denken Sie über die Unterschiede in beiden Sprachen nach.

accendere	anschalten
il riscaldamento	die Heizung
la questione	*hier* die Angelegenheit
urgente	dringend
altrimenti	sonst
figurati	*hier* ich bitte dich
l'aspetto	das Aussehen
che ... a fare?	wozu ...?

71 Ein Wort ... mehrere Bedeutungen

Einige Wörter haben im Deutschen und im Italienischen eine zweite oder sogar noch weitere Bedeutungen. Ein Beispiel: Das italienische Wort *riso* kann im Deutschen im Sinne von „Reis", „Lachen" oder „gelacht" gebraucht werden; das deutsche Wort „Eis" kann im Italienischen *ghiaccio*, aber auch *gelato* heißen. Im Folgenden weitere Kostproben.

Vervollständigen Sie mit den unten stehenden Wörtern, die Sie evtl. auch mehrfach gebrauchen können. Geben Sie dann rechts dazu die passende deutsche Übersetzung an.

ore pesca rosa borsa tasca peli capelli tempo pasta lettere taglia numero

a Abbiamo giocato a pallacanestro per tre __________ . [ ]
b La __________ e la caccia non mi interessano per niente. [ ]
c Scusa, mi dai il tuo __________ di telefono? [ ]
d Che __________ sono? – Sono le cinque meno un quarto. [ ]
e Ho comprato un olio per il corpo alla __________ . [ ]
f Ho perso la __________ nera. Dentro c'erano la carta d'identità e la patente. [ ]
g Non trovo il portafogli. – L'hai infilato nella __________ della giacca blu. [ ]
h Hai un sacco di __________ sulle gambe. Perché non ti fai la ceretta? [ ]

i Le ________ dell'alfabeto italiano sono 21. [ ]
j Mi piacerebbe mangiare una bella ________ sciroppata. [ ]
k Hai preparato la ________ per la pizza? – Sì, ma deve crescere. [ ]
l Da piccolo Massimo aveva i ________ ricci. [ ]
m Il ________ è brutto, non ho voglia di uscire. [ ]
n Ti va di andare a vedere una mostra? – No, non ho ________ . [ ]
o La ________ , la preferisci liscia o rigata? [ ]
p Vorrei provare quelle scarpe di camoscio. – Che ________ ha? [ ]
q Sono andato al bar e ho mangiato una ________ alla crema. [ ]
r Il ________ non mi piace, è un colore troppo femminile. [ ]
s Scrivere ________ oggi è fuori moda. [ ]
t Che ________ porta? – La 38. [ ]

la pallacanestro	der Basketball *(Sportart)*
la caccia	die Jagd
la carta d'identità	der Personalausweis
la patente	der Führerschein
il portafogli	der Geldbeutel
infilare	einstecken
la ceretta	die Wachsenthaarung
sciroppato	eingemacht
crescere	*hier* (auf)gehen
riccio	lockig
la mostra	die Ausstellung
liscio	glatt
rigato	gerillt
il camoscio	das Wildleder
fuori moda	unmodisch

72 Verwechslungsgefahr: *uno, alcuno, qualcuno, nessuno*

Bei den Wörtern *uno* (einer, jemand, ein), *alcuno* (kein, einige; siehe auch Übung 22), *qualcuno* (jemand, einer) und *nessuno* (kein, niemand) handelt es sich um Ausdrücke, die eine ähnliche Bedeutung haben und deshalb leicht verwechselt werden.

Am besten merken Sie sich: *uno, alcuno* und *nessuno* begleiten ein Substantiv oder stehen allein, *qualcuno* hingegen begleitet niemals ein Substantiv.

Ergänzen Sie mit *uno, alcuno, qualcuno* oder *nessuno*, wo nötig mit der passenden Endung. Achtung! Manchmal sind mehrere Alternativen möglich.

a ____________ mio amico mi ha detto che, secondo lui, sono portato per la musica.
b Quale cintura ti piace di più: questa qui di pelle o quella di stoffa? – Né l'____________ né l'altra.
c L'altro giorno Ada mi ha aggredito verbalmente, così all'improvviso, senza ____________ motivo!
d ____________ giorni fa ho assistito ad un furto. Ho avuto ____________ paura!
e So che sei bravissimo a disegnare. Mi fai vedere ____________ dei tuoi disegni?
f Sergio, c'è ____________ alla porta che cerca di te.
g Oh, guardi, questi sono pochi. Me ne da ____________ altro?
h Bambini, quando siete soli, non aprite la porta a ____________ , per ____________ ragione!
i Dimmi, ieri alla festa c'era ____________ che conosco?
j Avrei bisogno di ____________ pratico di computer, perché io non ci capisco un tubo.
k Hai visto ____________ ? – No, non ho visto ____________ .
l Non si preoccupi, è una cosa di ____________ importanza.
m State aspettando ____________ ?
n Ma perché ____________ mi dà ascolto?

secondo lui	seiner Meinung nach
essere portato (per)	begabt sein
la cintura	der Gürtel
la pelle	das Leder
né ... né	weder ... noch
aggredire	angreifen
verbalmente	mit Worten
all'improvviso	plötzlich
il motivo	der Grund
assistere	beiwohnen
il furto	der Diebstahl
disegnare	zeichnen
il disegno	die Zeichnung
la ragione	*hier* der Grund
pratico (di)	geübt (im Umgang mit)
non ci capisco un tubo	(*ugs.*) ich verstehe nichts davon
non si preoccupi	machen Sie sich keine Sorgen
dare ascolto a	jdm. Gehör schenken

73 Vorhang auf für das Wörtchen *ci*!

Haben Sie schon einmal einer italienischen Unterhaltung gelauscht? Dann wissen Sie ja, wie häufig das Wörtchen *ci* fällt. Nämlich ständig! Das liegt daran, dass *ci* äußerst vielfältig ist und in unterschiedlichen Kontexten gebraucht wird, und zwar:

- als Pronomen in der Bedeutung von „uns“, z. B. *ci ha mandato*;
- als Pronomen zusammen mit *lo, la, li, le, ne* (wobei *ci* zu *ce* wird), z. B. *ce lo*;
- im Sinne von „dort / dorthin“, „mit ihm / ihr / ihnen“, „es“, „darauf“, „daran“ usw.;
- im Zusammenwirken mit *essere* in der Bedeutung von „es gibt“ oder „da ist / sind“ (*c'è / ci sono*);
- als Verstärkung von *lo, la, li, le* + *avere* (wobei *ci* zu *ce* wird), z. B. *ce l'ho*.

Setzen Sie *ci* (*c'* oder *ce*) dort ein, wo es erforderlich ist.

a Domani _____ è un comizio del PD in piazza. Parla Fassino. _____ andiamo?
b Scusi, _____ ha una gomma per cancellare? -- No, mi dispiace, non _____ l'ho.
c Hai parlato con Alba? – Sì, _____ ho parlato ieri sera.
d Lo sai che abbiamo trovato un barbone nascosto in cantina? – No, non _____ credo.
e Papà, _____ potresti accompagnare al centro commerciale?
f Scusi, sa dov'è una farmacia? – Sì, guardi, _____ è lì, vicino al bar.
g Non ho superato gli scritti d'inglese. – Dai, non _____ pensare, la prossima volta andrà bene.
h Il tuo oroscopo dice che questa settimana conoscerai l'uomo della tua vita. – Non _____ penso che sia possibile e comunque io non _____ credo nell'astrologia!
i Sai se i Molinari _____ hanno un cane? – Sì, _____ l'hanno.
j Stamattina _____ siamo alzati tardi perché ieri sera _____ siamo addormentati dopo mezzanotte.
k Nella strada dove abito non _____ sono né bar né ristoranti.
l Non è vero che _____ siamo cambiati. Siamo gli stessi di sempre!
m Vengono anche Riccardo e Sofia? – Sì, _____ li ho chiamati, _____ stanno aspettando.
n Funziona la tua affettatrice? _____ la potresti prestare per un giorno? La nostra si è rotta.
o Non mi daranno mai il trasferimento! Ormai _____ rinuncio.

il comizio	die Kundgebung
il PD (partito democratico)	die Demokratische Partei
la gomma per cancellare	der Radiergummi
il barbone	der Penner
la cantina	der Keller
il centro commerciale	das Einkaufszentrum
gli (esami) scritti	die schriftlichen Prüfungen
cambiare	sich verändern
l'affettatrice	die Schneidemaschine
il trasferimento	die Versetzung
ormai	nun, jetzt
rinunciare	verzichten

74 Feinschliff für Ihren Ausdruck: nützliche Wendungen

Vervollständigen Sie mit den unten stehenden Ausdrücken.

nel complesso | per fortuna | a bassa voce | al massimo | insomma (2×) | tutto sommato | di là | per caso | di persona | per iscritto | di corsa | ad alto volume | di qua

a ____________________, adesso basta! Sono due ore che litigate!

b Beh, com'era l'albergo? – ____________________ la camera era vivibile, però era un po' triste perché l'arredamento era vecchiotto …

c ____________________, considerando che l'esame era duro, posso ritenermi soddisfatto. Certo, avrei potuto prendere un voto più alto …

d Se non puoi andarci ____________________, allora devi preparare una delega scritta alla persona incaricata e devi fare una fotocopia della carta d'identità.

e È ovvio ____________________ che, per risolvere la questione, bisognerà rivolgersi alle autorità competenti.

f La richiesta deve pervenire ____________________, compilata e firmata, entro la fine di gennaio.

g Sandro, puoi venire un attimo ____________________, per cortesia? Mi serve aiuto.

h Quando ho visto che il vigile mi stava facendo la multa, sono uscito ____________________ dal cancello.

i I miei figli ascoltano la musica perennemente ____________________. I vicini, naturalmente, si sono lamentati più volte.

j Per piacere, parlate ________________ . Nella stanza accanto c'è il bambino che dorme.

k Ci eravamo persi di vista del tutto e poi ci siamo incontrati, ________________ , una sera in discoteca.

l Lo sai che Paola è stata derubata? Era alla fermata dell'autobus e due tipi sul motorino le hanno scippato la borsa. ________________ non aveva molti soldi appresso!

m Ehi, ragazzi, andiamo ________________ in salotto, così possiamo accomodarci sul divano!

n Secondo te, quanto costa? – Mah, ________________ potrà costare 100 euro.

nel complesso	im Großen und Ganzen
al massimo	höchstens
insomma	also bitte!, schließlich
tutto sommato	alles in allem
di corsa	rasch
litigare	streiten
l'arredamento	die Einrichtung
vecchiotto	ziemlich alt
considerando	in Anbetracht dessen
ritenersi soddisfatto	zufrieden sein können
la delega	die Vollmacht
incaricato	beauftragt
ovvio	selbstverständlich
le autorità competenti	die zuständige Behörde
pervenire	eingehen
compilato	ausgefüllt
il vigile	der Verkehrspolizist
la multa	der Strafzettel
perennemente	andauernd
perdersi di vista	sich aus den Augen verlieren
derubare	berauben
scippare	entreißen
appresso	bei sich

75 „Als“ und seine italienischen Geschwister

Um das deutsche „als“ wiederzugeben, gibt es im Italienischen folgende Möglichkeiten:

- ***quando*** = „als“ zur Einleitung von Nebensätzen der Zeit:

Quando *sono arrivato non c'era più nessuno.*	**Als** ich kam, war keiner mehr da.

- ***di*** oder ***che*** = „als“ bei Vergleichen:

Lara è più studiosa ***di*** *te.*	Lara ist fleißiger **als** du.
Mi piace di più andare al cinema ***che*** *in discoteca.*	Ich gehe lieber ins Kino **als** in die Disco.

- ***come*** oder ***da*** = „als“ im Sinne von „in der Eigenschaft“:

Come *insegnante Davide è bravo!*	**Als** Lehrer ist David gut!
Da *piccolo ero timido.*	**Als** ich klein war, war ich schüchtern.

Verbinden Sie die linke mit der rechten Spalte zu sinnvollen Sätzen und ergänzen Sie sie mit *quando*, *di* (evtl. + Artikel), *che*, *come* oder *da*.

a	Bettina lavora ________ infermiera …	1	________ prendere la macchina.
b	________ ci siamo conosciuti, …	2	il nome di tutte le capitali del mondo.
c	Tu sei molto più alto …	3	è scoppiata in lacrime.
d	________ bambino Fabio sapeva a memoria …	4	interessanti ________ romanzi d'amore.
e	Secondo me, è meno rilassante viaggiare …	5	ha lavorato per anni ________ animatore al Club Med.
f	Siamo arrivati al cinema …	6	________ me!
g	È meglio camminare …	7	io avevo appena quindici anni.
h	Toni è un tipo allegro, ama stare in compagnia e infatti …	8	mascherare ________ zingara.
i	A carnevale mi voglio …	9	________ quello in cui vivevamo prima.
j	Penso che i libri gialli siano più …	10	________ il film era già cominciato.
k	Il nuovo appartamento è più spazioso ….	11	in auto ________ in treno o in aereo.
l	________ le ho detto che non l'amavo, …	12	all'ospedale Cardarelli di Napoli.

l'infermiera	die Krankenschwester
a memoria	auswendig
allegro	lustig
la compagnia	die Gesellschaft
il libro giallo	der Krimi
spazioso	geräumig
la capitale	die Hauptstadt
scoppiare in lacrime	in Tränen ausbrechen
appena	gerade
mascherarsi	sich verkleiden
la zingara	die Zigeunerin

76 *Che* und *cui:* zwei Relativpronomen in Aktion

Hier geht es um *che* (siehe auch Übung 63) und *cui*. Im Deutschen entsprechen sie „der, die, das". Einige Beispiele:

Marco, ***che*** *conosco da alcuni anni, è un ragazzo simpatico.* — *che* → den
Marta, ***che*** *conosco da alcuni anni, è una ragazza simpatica.* — *che* → die
Ho incontrato Gianni e Vera con ***cui*** *ho studiato al liceo.* — *cui* → denen
Ho incontrato Vera con ***cui*** *ho studiato al liceo.* — *cui* → der

Wie Sie sehen, werden *che* und *cui* – im Gegensatz zu „der, die, das" – nicht an ihr Bezugswort angepasst: Ihre Form bleibt immer gleich. Wann aber verwendet man *che*, und wann *cui*? Die einfachste Regel ist: Bei Präpositionen verwendet man *cui* (z. B. *con cui*), in allen anderen Fällen *che*.

Bilden Sie Sätze mit *che* oder *cui* und den jeweils angegebenen Elementen.

a ho visto | è piaciuto | un film | molto. | mi

____

b è | una persona | sempre | Viola | su | posso | contare.

____

c sono nata | il paese | piccolissimo. | in | è

____

d raccontare | ti | una barzelletta | ieri. | devo | ho sentito

____

e Alberto. | si è innamorato | la | ragazza | ho | conosciuto | di

f la moto | Rocco. | ho fatto | con | mi aveva prestato | un incidente

g ho | ti | le scarpe | comprato? | nuove | piacciono

h a | ti | non | riferisci. | la vicenda | conosco

i cena | siamo andati | a | nel | ci | avevi consigliato. | ristorante

j con | i ragazzi | di | l'appartamento | Genova. | divido | sono

k alla cena | di | non andare | a | sono stato invitato. | ho deciso

l ti metti | perché non | ti | la nonna? | ha regalato | il vestito

contare	zählen
il paese	*hier* das Dorf
la barzelletta	der Witz
innamorarsi (di)	sich verlieben (in)
l'incidente, *m*	der Unfall
riferirsi	sich beziehen
la vicenda	das Ereignis
dividere	teilen
mettersi	anziehen

77 Vorsicht Falle: *diventare* und „werden"

Die direkte Übersetzung von „werden" ist *diventare*. Es gibt aber einige deutsche Ausdrücke mit „werden", die im Italienischen ohne *diventare* wiedergegeben werden: z. B. kann „rot werden" sowohl *diventare rosso* als auch *arrossire* heißen; „gesund werden" übersetzt man hingegen einfach nur mit *guarire* (nicht ~~*diventare sano*~~!). In der folgenden Übung lernen Sie die üblichsten Fälle.

Verbinden Sie die links stehenden deutschen Sätze mit den italienischen Entsprechungen. Vervollständigen Sie dann die italienischen Sätze mit den folgenden Angaben:

va peggiorato si sono fatti si è fatto venuto dimagrito comincia si raffredda migliorare impazzito si è fatta

a	Ich bin krank geworden.	1	Il latte scade domani. Bevilo, altrimenti ___________ a male.
b	Meine Oma ist alt geworden.	2	Il servizio clienti è ___________ .
c	Die Milch läuft morgen ab. Trink sie bitte, sonst wird sie schlecht.	3	I tuoi figli sono cresciuti / ___________ grandi / sono diventati grandi.
d	Bist du verrückt geworden?	4	___________ tardi. Devo andare via.
e	Ich bin sehr dick geworden.	5	È ___________ bene il quadro.
f	Es wird kalt. Es ist besser, wir gehen rein.	6	Sei proprio ___________ ! / Come ti sei fatto magro!
g	Das Wetter sollte besser werden.	7	___________ a far freddo. È meglio se entriamo.
h	Das Bild ist schön geworden.	8	Mangia, altrimenti la pasta ___________ .
i	Bist du nass geworden?	9	Mi sono ammalato.
j	Der Kundenservice ist schlechter geworden.	10	Il tempo dovrebbe ___________ .
k	Iss bitte, sonst werden die Nudeln kalt.	11	Andrà tutto bene.
l	Es ist spät geworden. Ich muss weg.	12	Ti sei bagnato?
m	Deine Söhne sind groß geworden.	13	Ma sei ___________ / sei diventato matto?
n	Jetzt werde ich echt böse.	14	Adesso mi arrabbio sul serio.
o	Es wird alles gut werden.	15	Mia nonna è invecchiata / ___________ vecchia.
p	Du bist aber dünn geworden!	16	Mi sono ingrassato. / Sono ingrassato.

Erstellen Sie jetzt auf der Basis der Sätze auf Seite 127 eine Liste deutscher Ausdrücke mit „werden" und ihren italienischen Entsprechungenen.

krank werden → ammalarsi
alt werden → ______
schlecht werden → ______
verrückt werden → ______
dick werden → ______
kalt werden → ______
besser werden → ______
schön werden → ______
nass werden → ______
schlechter werden → ______
spät werden → ______
groß werden → ______
böse werden → ______
gut werden → ______
dünn werden → ______

78 Verluste am laufenden Band: *perdere*

Perdere übersetzt man meistens mit „verlieren". In dieser Übung werden Sie aber feststellen, dass das Verb *perdere* und seine reflexive Form *perdersi* noch viele andere Bedeutungen besitzen können. Dabei üben Sie auch einige Redewendungen mit *perdere* oder *perdersi*.

Ergänzen Sie mit *perdere* oder *perdersi* in der richtigen Form.

a Uffa! (Io) ______ le chiavi per l'ennesima volta! Non so dove le ho messe!
b Il mese prossimo farò un viaggio con i miei genitori per due settimane e quindi ______ due lezioni.
c Siccome (loro) ______ il tram, hanno dovuto prendere un tassì.
d Cosa hai fatto ieri? – Guarda, ______ tutta la giornata dal medico!
e Gabriella ______ la testa per un ragazzo che ha conosciuto in vacanza.

f Senta scusi, (noi) ______________ . Ci può dire dov'è il casello dell'autostrada?

g Quando ero piccolo e andavo a trovare i nonni, ______________ spesso nel parco che dovevo attraversare per arrivare a casa loro.

h Se non ti sbrighi, ______________ il treno.

i Mario, dobbiamo chiamare l'idraulico: il rubinetto ______________ .

j Se continuerete a studiare così poco, ______________ l'anno.

k C'è stato un incidente molto grave: due persone ______________ la vita e una terza è in condizioni gravissime.

l Allora, avete vinto? – No purtroppo ______________ .

m Da piccola Annabella era molto insicura. ______________ in un bicchier d'acqua per ogni minima cosa.

n Mio marito è appassionato di calcio. Non ______________ una partita della sua squadra del cuore!

Welche Entsprechungen gibt es im Deutschen für *perdere* und *perdersi*?

____

____

Wie lauten folgende Redewendungen im Italienischen?

______________	den Kopf verlieren
______________	in einem Glas Wasser ertrinken
______________	sitzen bleiben
______________	ums Leben kommen

per l'ennesima volta	zum x-ten Mal
siccome	da, weil
il casello dell'autostrada	die Mautstelle
attraversare	*hier* durchqueren
sbrigarsi	sich beeilen
l'idraulico	der Klempner
il rubinetto	der Wasserhahn
per ogni minima cosa	bei jeder Kleinigkeit
appassionato	begeistert

79 Besondere Verben für besondere Anlässe!

Hier beschäftigen wir uns mit zusammengesetzten italienischen Verben, deren Besonderheit darin besteht, dass sie aus Verb und Pronomen gebildet werden (z. B. *smetter-la*). Es gilt Folgendes zu beachten:

- In einigen Fällen haben die Pronomen, die Teil des Verbs sind, keine Eigenbedeutung und bleiben immer unverändert: z. B. *smetterla* → ***la** smetto* (ich höre auf).
- In anderen Fällen jedoch üben die Pronomen eine Verstärkungsfunktion auf das Verb aus und werden flektiert: z. B. *cavarsela* → ***me** la cavo* (ich komme zurecht).

Kreuzen Sie die richtige Form an.

a Come ____________ in inglese? – Così così.
☐ ci capisci
☐ te la cavi

b ____________ di sentirvi litigare.
☐ Non ne posso più
☐ Non me la prendo

c Siamo stanchi e quindi non ____________ di uscire.
☐ se la sentiamo
☐ ce la sentiamo

d Sei troppo debole con tuo figlio. ____________ sempre vinta.
☐ Gliela dai
☐ Ce la metti

e ____________ ad arrivare per le cinque?
☐ La smetti
☐ Ce la fai

f Se ____________ tutta, raggiungerai un ottimo risultato.
☐ ce la metterai
☐ te la metterai

g La mia migliore amica esce con il mio ex, ma non____________ niente.
☐ me ne frega
☐ ce l'ho

h La devi ____________ di urlare!
- ☐ smettere
- ☐ prendere

i Sono arrivato alle due e ____________ alle quattro.
- ☐ se ne sono andato
- ☐ me ne sono andato

j Mamma mia, sei sempre arrabbiato, ____________ con tutti! Ma che ti succede?
- ☐ ce l'hai
- ☐ te la cavi

k Non ____________ con Renzo, lui non ha fatto proprio niente. Non è colpa sua.
- ☐ prendertela
- ☐ prenderla

l Scusami, non ____________ .
- ☐ l'ho fatto apposta
- ☐ me ne sono andato

Tragen Sie nun die italienischen Verben ihren deutschen Bedeutungen entsprechend ein.

____________	sich danach fühlen
____________	nicht mehr können
____________	nachgeben
____________	zurechtkommen
____________	aufhören
____________	weggehen
____________	darauf pfeifen
____________	die Schuld geben
____________	es schaffen
____________	auf jdn. böse sein
____________	alles daransetzen
____________	es absichtlich tun

80 Wortschatz im Kontext: *posta elettronica*

Mit einer fiktiven E-Mail üben Sie Substantive, Verben, Präpositionen, Adverbien, Adjektive und Konjunktionen bunt gemischt!

Vervollständigen Sie folgende E-Mail mit den unten stehenden Angaben.

perciò fammi alcuni va l'hai sentita potremmo scalo molto tra si dice dove siete messi più per basterebbe ci vorrebbe le elezioni però una cortesia durante ne di limitata

A: Mann, Peter
Cc:
Oggetto: un'informazione

Arial ▼ 10 ▼ G C S

Ciao, Peter,
come stai? Che ________________ in Germania? Noi qui siamo in piena campagna elettorale. ________________ un paio di mesi ci saranno ________________, l'hai sentito? E sì, il governo è caduto, di nuovo, e ________________ si torna a votare. Ma come si farà a salvare l'Italia? ________________ un miracolo!
La storia dei rifiuti a Napoli ________________ certamente. Una vergogna! Meno male che voi tedeschi vi ________________ a disposizione per liberare Napoli e dintorni dalle montagne ________________ immondizie. Questa, però, è una misura d'emergenza. Il problema ________________ risolto alla radice. Vabbè, lasciamo perdere la politica …
Ti volevo chiedere ________________. A settembre ________________ miei amici vorrebbero venire a Monaco per l'Oktoberfest. Conosci per caso una pensione economica ________________ potrebbero pernottare? So che ________________ il periodo della festa i prezzi sono ________________ alti del solito, ma la disponibilità economica dei miei amici è ________________. A loro ________________ una pensione semplice, senza troppe pretese. Mi potresti aiutare? Te ne sarei ________________ grata.

Il 15 parto ________________ un viaggio d'affari e passo dalle tue parti. L'aereo fa ________________ a Monaco e quindi ho alcune ore libere. ________________ incontrarci, che ________________ dici? Hai tempo? Dovresti ________________ raggiungermi all'aeroporto. ________________ sapere.

Cari saluti
Veronica

lo scalo	die Zwischenlandung
le elezioni	die Wahlen
la cortesia	die Gefälligkeit
la campagna elettorale	der Wahlkampf
il governo	die Regierung
cadere	stürzen
votare	wählen
salvare	retten
il miracolo	das Wunder
i rifiuti, le immondizie	der Abfall
la vergogna	die Schande
la disposizione	die Bereitschaft
i dintorni	die Umgebung
la misura d'emergenza	die Notmaßnahme
risolvere un problema alla radice	ein Problem an der Wurzel packen
la disponibilità economica	die finanziellen Möglichkeiten
la pretesa	der Anspruch
grato	dankbar
raggiungere	*hier* kommen

81 Die liebe Verwandtschaft: *lavoro, lavoratore, lavorare* ...

Auf dieser Seite geht es um Wörter, die formal und inhaltlich verwandt sind: *lavoro* (Arbeit) → *lavorare* (arbeiten) → *lavoratore* (Arbeiter); *dirigere* (leiten) → *direttore* (Leiter) ...

Finden Sie verwandte Begriffe zu den kursiv gesetzten Wörtern und tragen Sie sie in das *cruciverba* ein.

Orizzontali

6 Chi è in *pericolo* si trova in una situazione ____ .
9 Chi fa molto *sport* è una persona ____ .
12 Chi ama *leggere* è interessato alla ____ .
14 La caratteristica di una persona *simpatica* è la ____ .
15 Chi *decide* qualcosa prende una ____ .
16 Chi *canta* per professione è un ____ .
17 Il medico che cura i *denti* si chiama ____ .
18 È ____ chi vive in *solitudine*.

Verticali

1 La ____ è la qualità di una persona o di una cosa *bella*.
2 Una cosa che procura *noia* è una cosa ____ .
3 Chi vuole *cambiare* qualcosa, vuole un ____ .
4 Chi gioca in una squadra di *calcio* fa il ____ .
5 Chi scrive per un *giornale* fa il ____ .
7 L' ____ è la caratteristica di chi è *onesto*.
8 Un laureato in *farmacia*, che vende medicine, è un ____ .
10 La *serietà* è la caratteristica di un uomo ____ .
11 Chi ama l'*ordine* è ____ .
13 Se vuoi *aiutare* qualcuno, gli offri il tuo ____ .

82 Welches Wort für „welcher, -e, -es"?

Das Wort „welcher, -e, -es" hat im Italienischen mehrere Entsprechungen, je nachdem, welche Funktion es im Satz ausübt. Beachten Sie folgende Beispiele:

***Quale** cappello ti piace?*	**Welcher** Hut gefällt dir?
*L'insegnante con **la quale** / con **cui** studio l'italiano si chiama Carla.*	Die Lehrerin, bei **welcher** ich Italienisch lerne, heißt Carla.
***Che** vergogna!*	**Welch** eine Schande!
*Conosco **qualcuno** che non lo sa. / Conosco **alcune persone** che non lo sanno.*	Ich kenne **welche**, die das nicht wissen.
*Hai dello zucchero? – Sì, **ne** ho ancora.*	Hast du Zucker? – Ja, ich habe noch **welchen**.

Übersetzen Sie.

a Welchen Unterschied gibt es zwischen Knödeln und gnocchi?

____

b Welch eine Freude dich wiederzusehen!

____

c Soll ich Obst kaufen gehen? – Nein, wir haben noch welches.

____

d In welcher Straße wohnen Sie?

____

e Ich kenne Leute, die ständig essen gehen. Ich kenne aber auch welche, die lieber selber kochen.

f Sie haben das Haus abgerissen, in welchem wir als Kinder gelebt haben.

g Ich bräuchte Heftklammern. Hast du welche?

h Welche Brille soll ich kaufen?

i Wir brauchen neue Vorhänge. – Ich habe welche im Geschäft an der Ecke gesehen.

j Sie haben ein Haus geerbt, auf welchem eine Hypothek lastet.

k Wir treffen uns vor dem Kino. – Um welche Zeit?

l Auf der Homepage gibt es ein Formular, welches man ausfüllen muss.

la differenza	der Unterschied
il canederlo	der Knödel
il piacere	die Freude
rivedere	wiedersehen
sempre	ständig
andare a mangiare	essen gehen
preferire	*hier* lieber selber
demolire	abreißen
da	*hier* als
servire	brauchen
la graffetta	die Heftklammer
la tenda	der Vorhang
ereditare	erben
l'ipoteca	die Hypothek
gravare (su)	lasten (auf)
davanti	vor
il modulo	das Formular
compilare	ausfüllen

83 Kleines Wort, ganz groß: *ne*

Das Wörtchen *ne* hat im italienischen Satz folgende Aufgaben:

- *Ne* drückt Teilmengen im Sinne von „davon" aus (entfällt im Deutschen oft).

*Ho visto i palloncini e **ne** ho comprato uno.*	Ich habe die Luftballons gesehen und einen (davon) gekauft.

- *Ne* ersetzt Satzteile, die von *di* eingeleitet werden, im Sinne von: „damit, es, dazu, darüber, davon usw."

Sono contenta del risultato.	Ich bin mit dem Ergebnis zufrieden.
→ ***Ne** sono contenta.*	→ Ich bin damit zufrieden.

- *Ne* ersetzt Ortsangaben im Sinne von „von dort" (im Deutschen oft unübersetzt).

*Sono entrato in banca alle tre e **ne** sono uscito alle cinque.*	Ich bin um drei zur Bank gegangen und um fünf (von dort) wieder herausgekommen.

Bilden Sie Minidialoge mit *ne* und den jeweils angegebenen Elementen.

a voglia. andiamo no, in discoteca? non ho
Andiamo in discoteca? – No, non ne ho voglia.

b no, vado. rimani me un po'? io ancora
_______________ – _______________

c fumate troppe. grazie, una sigaretta? no ho già vuoi
_______________ – _______________

d vuole? ha quanta la mortadella?
_______________ – _______________

e domani? ti la macchina no, ho bisogno. non serve
_______________ – _______________

f convinto convintissimo! della decisione? sono è
_______________ – _______________

g hai uno! due ho uova? solo
_______________ – _______________

h problema. ho parlare? vuoi un
_______________ – _______________

i andato sei in sì, vengo adesso. proprio chiesa?
_______________ – _______________

j grazie, prendi un sì, cioccolatino! uno. prendo

_______________ – _______________

k dubito. Marta pensi cambi che idea?

_______________ – _______________

l cambiare vorrei dice? tuo marito lavoro. che

_______________ – _______________

avere bisogno, servire	brauchen
convinto	überzeugt
la decisione	die Entscheidung
proprio	gerade
dubitare	zweifeln
il marito	der Ehemann

84 Vielleicht „vielleicht": *forse* und *magari*

Forse und *magari* heißen beide „vielleicht", aber *magari* bedeutet auch „schön wär's". Der Unterschied zwischen *forse* und *magari* ist ein sehr feiner und hängt in einigen Fällen vom Kontext ab:

- *Forse* heißt immer „vielleicht" im Sinne von „wahrscheinlich" oder „möglicherweise".
- Während *magari* „vielleicht" im Sinne von „eventuell" oder „vielleicht besser" bedeutet.

Setzen Sie *forse* oder *magari* ein. Achtung! An einigen Stellen ist beides möglich.

a ________ domenica viene a trovarmi Rosa.
b ________ ti chiamo prima di avviarmi, così mi puoi aspettare giù, vicino al cancello.
c Quanti anni avrà Lucia? – ________ trenta.
d Quando torni? – Alle otto o ________ anche alle sette e mezza, se la riunione dovesse finire prima.
e Che ore sono? – Mm, ________ le dieci.
f Allora, ti iscrivi al corso di yoga? – ________ no.

g Non è escluso che la vittima, ________ uno straniero, conoscesse bene l'aggressore.
h ________ i miei genitori mi dessero il permesso di partecipare alla gita di classe!
i ________ ho capito perché il computer non funziona tanto bene.
j ________ potessi lavorare a casa senza dovermi alzare ogni mattina alle sei!
k Se hai qualche consiglio e ________ qualche ricetta nuova da provare, te ne sarei davvero grata.
l Lei è ________ il figlio del dottor Marconi?
m ________ , se posso, faccio un salto da te nel pomeriggio.
n Ti piacerebbe vincere la lotteria di capodanno? – Eh, ________ !
o Andiamo a piedi? – No, guarda, ________ è meglio se prendiamo la macchina.

avviarsi	sich auf den Weg machen
il cancello	das Tor
la riunione	die Sitzung
escludere	ausschließen
la vittima	das Opfer
l'aggressore, *m*	der Angreifer
il permesso	die Erlaubnis
la gita di classe	die Klassenfahrt
grato	dankbar
fare un salto	*hier* auf einen Sprung vorbeikommen
il capodanno	das Neujahr

85 *Primo, prima, primi, prime*: ähnliche Wörter, große Unterschiede

Die Wörter *primo, prima, primi, prime* sind formal sehr ähnlich und daher leicht zu verwechseln. Ein guter Grund, sie zu üben (siehe auch Übung 123). Achten Sie auf die folgenden unterschiedlichen Bedeutungen und Anwendungen:

primo ... poi / secondo	→	erstens ... dann / zweitens
primo / prima / primi / prime (als Adjektive)	→	erster / erste / erstes
prima	→	früher, vorher, zuvor, erst
prima ... poi	→	erst ... und dann (zeitliche Reihenfolge)

Ergänzen Sie mit *primo, prima, primi* oder *prime*.

a ________ fai i compiti e poi puoi guardare la televisione.
b Non lo compro: ________ perché costa troppo e poi perché non è un oggetto indispensabile!
c Il piccolo Dario ha fatto i ________ passi a 12 mesi.
d Allora, ________ mangiamo qualcosa, poi andiamo al cinema e poi magari in discoteca.
e Armstrong è il nome del ________ astronauta che è arrivato sulla luna.
f ________ al supermercato ho incontrato Elpidio che mi ha raccontato quello che gli è successo.
g ________ mangiavo molta verdura.
h ________ : in classe i cellulari vanno spenti. Secondo: durante la lezione non si mangia.
i Dimmi la ________ cosa che ti viene in mente.
j Hai visto Chiara? – Sì, l'ho incontrata ________ in salumeria.
k Il ________ ragazzo che ho avuto portava l'apparecchio ai denti.

l Stasera, ________ andiamo al cinema e poi a mangiare una pizza.
m Ti è piaciuto il film? – Guarda, no! ________ perché era in lingua originale e quindi non ho capito quasi niente, e poi il tema era noioso …
n "Mamma" e "pappa" sono state le ________ parole che ha detto mio figlio.
o Ho preparato due ________ piatti e un contorno.
p Perché hai licenziato la domestica? – ________ , perché arrivava sempre tardi e poi perché era superficiale.

indispensabile	unentbehrlich
il passo	der Schritt
la luna	der Mond
succedere	passieren, geschehen
vanno spenti	(sie) müssen ausgeschaltet werden
venire in mente	einfallen
la salumeria	das Wurstwarengeschäft
l'apparecchio ai denti	die Zahnspange
noioso	langweilig
la pappa	der Brei
il piatto	*hier* der Gang
il contorno	die Beilage
licenziare	kündigen
la domestica	die Putzfrau
superficiale	oberflächlich

86 *Cambiare*: ein wechselhaftes Verb

Je nach Kontext bedeutet *cambiare* im Deutschen „wechseln, auswechseln, ändern, verändern, umsteigen, sich verändern, tauschen". Die reflexive Form *cambiarsi* kann außerdem „sich umziehen" heißen. Zudem gibt es feststehende Ausdrücke, die mit „*cambiare* + Substantiv" gebildet werden, im Deutschen aber oft anders wiedergegeben werden: z. B. *cambiare l'aria* → lüften.

Ergänzen Sie mit *cambiare* oder *cambiarsi* (_____) und den unten stehenden Angaben (........). Verwenden Sie dabei die Zeitform, die rechts angegeben ist.

canale mille euro a Caserta la marmitta argomento parrucchiere
casa posto idea marcia

a Senta, vorrei ____________ .... in sterline. È possibile? — infinito

b Il meccanico ha detto che va ____________ .... — participio passato

c Signora, per andare a Salerno deve
_______________ .... — infinito

d Da quando si è separato, Lorenzo _______________ : — passato prossimo
si veste in modo più giovanile e ha cominciato
a fumare.

e Milena, siamo in salita!
_______________ .... , — imperativo
altrimenti la macchina non ce la fa.

f Lo sai che Martina e Walter
_______________ .... ? — passato prossimo
Si sono comprati una villetta in periferia.

g Questa trasmissione è penosa! Posso
_______________ .... ? — infinito

h Questa gonna mi sta male. È meglio se — presente
_______________ , mi metto i pantaloni.

i Che bella pettinatura! – Grazie! Sai,
(io) _______________ .... — passato prossimo

j Ragazzi, adesso basta con la politica!
_______________ .... Non ne posso più. — imperativo

k _______________ .... : non vengo al, — passato prossimo
concerto, costa troppo.

l Ma dove sono le posate? – Gli _______________ — passato prossimo
.... Le ho messe nell'ultimo cassetto.

Vervollständigen Sie jetzt die Ausdrücke mit Hilfe der obigen Sätze.

cambiare ______________________	umziehen
cambiare ______________________	Thema wechseln
cambiare ______________________	umstellen, umräumen
cambiare ______________________	umschalten (Radio u. ä.)
cambiare ______________________	(um)schalten (Auto u. ä.)
cambiare ______________________	die Meinung ändern

la marmitta	der Auspuff
la marcia	*hier* der Gang
la sterlina	Sterling
in salita	bergauf
la trasmissione	die Sendung
penoso	peinlich
la pettinatura	die Frisur
le posate	das Besteck

87 „Laisser-faire" auf Italienisch: *lasciare* und *far fare*

Abgesehen von einigen feststehenden Ausdrücken wird *lasciare* im Italienischen weit weniger häufig verwendet als das entsprechende „lassen" im Deutschen. Denn:

- Die Struktur „Infinitiv + lassen" – im Sinne von „lassen", „zulassen", „veranlassen" – wird im Italienischen mit dem Verb *„fare* + Infinitiv" ausgedrückt: *far(e) mangiare* = essen lassen.
- Wenn *fare* im Sinne von „zulassen" gebraucht wird, dann kann es durch *lasciare* ersetzt werden: *fare giocare* → *lasciare giocare* = spielen lassen.
- „Etwas tun lassen" heißt *far fare*, also zweimal hintereinander das Verb *fare*.

Verbinden Sie zunächst die deutschen Sätze mit ihren italienischen Entsprechungen. Vervollständigen Sie dann die italienischen Sätze mit der passenden Form von *fare* oder *lasciare* (evtl. + Pronomen). Achtung! In einem Fall sind beide Verben möglich.

a	Ich lasse die Kinder einen Spaziergang machen.	1	Mi __________ aspettare due ore al freddo!
b	Er / Sie hat mich zwei Stunden in der Kälte warten lassen!	2	È arrivato il dottor Casini. – Lo __________ entrare.
c	Ich habe mir wehgetan. – Lass mich mal sehen.	3	_______ fare una passeggiata ai bambini.
d	Lässt du ihn bitte in Ruhe? Siehst du nicht, dass er müde und gereizt ist!	4	__________ sapere se vieni anche tu, così prendo i biglietti.
e	Soll ich die Kinder wecken oder lasse ich sie noch ein bisschen schlafen?	5	Chiudo? – No, __________ aperto.
f	Lässt du mich eine Runde auf deinem Moped fahren?	6	I bambini li sveglio o li __________ dormire un altro po'?
g	Warum hast du die Uni verlassen?	7	__________ riparare la bicicletta?
h	Du hast mich blamiert.	8	Perché __________ l'università?
i	Soll ich zumachen? – Nein, lass offen.	9	Mi sono fatto male! – __________ vedere.
j	Die Birne ist durchgebrannt. Man muss sie auswechseln. – Lassen Sie es den Hausmeister machen.	10	__________ fare un giro sul tuo motorino?
k	Wenn die Putzfrau kommt, lass sie alle Fenster putzen. Sie sind echt schmutzig.	11	Si è fulminata la lampadina. Bisogna cambiarla. – Lo __________ fare al custode.
l	Dr. Casini ist da. – Lassen Sie ihn herein.	12	Lo __________ stare, per piacere? Non vedi che è stanco e nervoso!
m	Lass mich wissen, ob du auch mitkommst, damit ich Karten besorgen kann.	13	Quando viene la domestica, __________ lavare tutti i vetri. Sono veramente sporchi.
n	Hast du das Fahrrad reparieren lassen?	14	Mi __________ fare una brutta figura!

88 Bekommen: *ricevere* und *ottenere*

Bei den Verben *ricevere* und *ottenere* liegt der Unterschied im Detail: *Ricevere* entspricht den deutschen Verben „bekommen, erhalten, empfangen", *ottenere* bedeutet ebenfalls „bekommen" oder „erhalten", allerdings im Sinne von „etwas erzielen / erreichen".

Achtung: Das Verb „bekommen" wird im Deutschen in feststehenden Ausdrücken gebraucht, die im Italienischen weder mit *ricevere* noch mit *ottenere* ausgedrückt werden. Beispiel: Sie bekommen 20 Euro von mir. → *Le **devo** 20 euro.*

Welches Verb passt besser? Kreuzen Sie die richtige Form an.

a	Volevamo partire il 27 aprile con il treno ma non _______ posto.	☐ abbiamo ricevuto ☐ abbiamo trovato
b	Se fai un ordine di almeno 100 euro, _______ un libro in omaggio.	☐ ricevi ☐ ottieni
c	Il dottor Sacchi _______ dalle 8.00 alle 12.00.	☐ riceve ☐ ottiene
d	Anna ha i brividi. Penso che _______ la febbre.	☐ le stia venendo ☐ stia ricevendo
e	Poiché sono cliente in quel negozio, per Natale _______ in regalo un buono di 50 euro.	☐ ho ottenuto ☐ ho avuto
f	Che cosa _______ ? – Vorrei tre etti di salame milanese.	☐ riceve ☐ desidera
g	Se il presidente della Regione _______ una condanna per favoreggiamento alla mafia, dovrebbe lasciare la carica.	☐ ottenesse ☐ ricevesse
h	Quando mio nonno stava male, _______ il sacramento dell'Unzione degli Infermi.	☐ ha ottenuto ☐ ha ricevuto
i	Purtroppo Lia _______ un brutto raffreddore.	☐ si è presa ☐ ha ricevuto

j La battaglia è stata dura, ma alla fine ______ un risultato importante.
- ☐ abbiamo ottenuto
- ☐ abbiamo ricevuto

k Per fortuna ______ un incarico di insegnamento per 12 ore in una scuola media.
- ☐ mi sono presa
- ☐ ho ottenuto

l Oggi il Presidente degli Stati Uniti ______ dal Papa.
- ☐ è stato ricevuto
- ☐ è stato desiderato

Wie lauten also folgende Ausdrücke im Italienischen?

______________	Fieber bekommen
______________	Platz bekommen
______________	Schnupfen bekommen
______________	geschenkt bekommen

il posto	der Platz
l'ordine, *m*	*hier* die Bestellung
il libro in omaggio	*hier* das Freiexemplar
avere i brividi	sich frösteln
la febbre	das Fieber
il cliente	der Kunde
il buono	der Gutschein, der Bon
la condanna per favoreggiamento	die Verurteilung wegen Begünstigung
la carica	*hier* das Amt
il sacramento dell'Unzione degli Infermi	die Krankensalbung
la battaglia	der Kampf
il risultato	das Ergebnis
l'incarico	der Auftrag
la scuola media	die Mittelschule
il Papa	der Papst

89 Falsche Freunde ... die Zweite!

Erinnern Sie sich an die „Falschen Freunde“ (vgl. Übung 50)? Das sind italienische und deutsche Wörter, die sich sehr ähnlich sind, aber in der jeweils anderen Sprache eine völlig andere Bedeutung haben.

Folgen Sie dem Beispiel: Entnehmen Sie dem Durcheinander der „Falschen Freunde“ die einzelnen Bedeutungen und ordnen Sie sie der unten stehenden Liste zu.

~~caldo~~ | ~~kalt~~
tappeto | Tapete
porto | Porto
scalpello | Skalpell
ente | Ente
promozione | Promotion
annunciare | annoncieren
quasi | quasi
umore | Humor
roba | Robe
stipendio | Stipendium
notizia | Notiz
tesoro | Tresor
curioso | kurios

freddo — *kalt*
mettere un annuncio — ______
carta da parati — ______
borsa di studio — ______
senso dell'umorismo — ______
anatra — ______
appunto — ______
cassaforte — ______
dottorato (di ricerca) — ______
per così dire, come — ______
strano, bizzarro — ______
affrancatura — ______
bisturi — ______
toga — ______

Einrichtung, Anstalt — ______
Gehalt — ______
Hafen — ______
warm, heiß — *caldo*
Laune — ______
neugierig — ______
Nachricht — ______
Meißel — ______
fast, beinahe — ______
Teppich — ______
Sachen, Zeug — ______
Schatz — ______
Beförderung — ______
benachrichtigen — ______

90 Wortschatz im Kontext: *Una prenotazione telefonica*

Hier üben Sie einige Wörter, die Ihnen bei einer telefonischen Reservierung auf Italienisch nützlich sein können.

Vervollständigen Sie das Telefongespräch mit den unten stehenden Angaben.

mi chiamo La ringrazio mandare un fax ho inviato mi dica ragione la mezza pensione ricevere risposta standard la conferma prenotare inviare ho trovato per sette notti dal viene è compresa

- Hotel La Badia, buongiorno!
- Buongiorno, ______________ Pirotta …
- Sì, prego, ______________ !
- Senta … una settimana fa ______________ un'e-mail all'indirizzo che ______________ su Internet, ma non ho ricevuto una ______________ …
- Eh sì, ha ______________ . Abbiamo problemi con la linea. Da alcuni giorni non possiamo né ______________ né ______________ e-mail. Lei voleva ______________ una camera?
- Sì… volevo prenotare una camera ______________ 23 al 30 maggio.
- Quindi ______________ . Singola o doppia?
- Una doppia.
- La vuole ______________ o con vista sul mare?
- Se possibile, con vista sul mare.
- Sì. Una doppia con vista sul mare ______________ 115 euro a notte.
- La colazione ______________ nel prezzo?
- Sì. Se vuole, abbiamo anche ______________ che costerebbe …
- No, no, grazie. Ah, senta, ha bisogno di una prenotazione scritta?
- Beh, sì. Guardi, visto che l'e-mail non funziona ancora, ci potrebbe ______________ anche con i dati della Sua carta di credito e la validità? Noi poi Le inviamo ______________ .
- D'accordo. ______________ molto.
- Grazie a Lei e a presto.

inviare	schicken, senden
la camera singola / doppia	das Einzel- / Doppelzimmer
la validità	die Gültigkeit

91 *Il pescecane* und andere Wortkompositionen

il pescecane

Auch im Italienischen gibt es zusammengesetzte Wörter. Im Folgenden einige mögliche Kombinationen:

Verb + Substantiv	→ *asciuga(re) + mano > l'**asciugamano***	das Handtuch
Substantiv + Substantiv	→ *cassa + panca > la **cassapanca***	die Sitztruhe
Substantiv + Adjektiv	→ *terra + ferma > la **terraferma***	das Festland

Versuchen Sie jetzt selbst Wörter zusammenzusetzen. Viel Vergnügen!

Bilden Sie zusammengesetzte Wörter aus den vorgegebenen Begriffen und ordnen Sie diese ihren deutschen Entsprechungen zu. Setzen Sie die neugebildeten Wörter dann in den Plural.

~~asciuga~~ apri polvere lava pasta capo classe salva
butta via mare fuori linea tetto ~~capelli~~
bottiglie attacca pesce posa alto
lungo tele senza stoviglie aspira parlante
tosta
comando gente sotto chiavi panni capo
pane scola ferro porta porta cane bottiglia
cenere cielo bagagli gratta

l' *ascingacapelli*	der Haartrockner	*gli ascingacapelli*
lo ______	das Nudelsieb	______
il ______	der Haifisch	______
il ______	der Rettungsring	______
il ______	der Klassensprecher	______
la ______	der Geschirrspüler	______
l' ______	der Flaschenöffner	______
il ______	der Wolkenkratzer	______
il ______	der Obdachlose	______
il ______	der Gepäckträger	______
l' ______	der Kleiderständer	______
il ______	der Aschenbecher	______
la ______	die Eisenbahn	______
il ______	der Rausschmeißer	______
l' ______	der Lautsprecher	______
il ______	der Flaschenuntersetzer	______
il ______	die Endstation	______
il ______	der Toaster	______
il ______	die Strandpromenade	______
il ______	die Fernbedienung	______
l' ______	der Staubsauger	______
il ______	der Schlüsselring	______

Die Pluralbildung der zusammengesetzten Wörter ist nicht einfach. Wenn nötig, schlagen Sie dazu in einem Wörterbuch nach oder studieren Sie die Lösungen. Machen Sie dann die Übung zu einem späteren Zeitpunkt noch einmal.

92 Steigerungspotential: *più grande, maggiore, superiore ...*

Einige gesteigerte Adjektive haben eine regelmäßige Form – z. B. *(il) più grande* – und / oder eine unregelmäßige Form – z. B. *(il) maggiore* (= größer, der größere / größte, älter, der ältere / älteste).

Welche Form am besten passt, hängt dabei vom Kontext ab.

Vervollständigen Sie mit den gesteigerten Adjektiven. Achtung! In einigen Fällen sind zwei Alternativen möglich.

maggior più basso minore peggiore più alto più piccola maggiore superiori posteriori superiore più cattivo più grande minori anteriore inferiore

a La ______________ parte dei turisti viene dal Giappone.
b Livio ha due sorelle: la ______________ ha 27 anni e la ______________ ne ha 15.
c Questo è il libro ______________ che abbia mai letto: noioso, troppo lungo, ripetitivo ...
d Firenze è ______________ di Roma.
e Con l'incidente Fabrizio ha praticamente distrutto la parte ______________ dell'auto.
f Noi abitiamo al secondo piano, loro abitano al piano ______________ , cioè al terzo.
g Mirco è una peste! È molto ______________ di sua sorella!
h Milano è ______________ di Bologna.
i Paolo è alto un metro e novanta, Fabio invece è alto un metro è settantacinque. Quindi Fabio è ______________ di Paolo.
j Scusi, mi può controllare le gomme ______________ ?
k Mi dispiace, il prezzo è fisso. Non Le posso offrire questo articolo ad un prezzo ______________ .
l Il Monte Bianco (4 810 m) è ______________ del Monte Rosa (4 633 m).
m Marcella frequenta le scuole ______________ .
n Il terremoto è stato abbastanza forte, ma i danni sono stati ______________ del previsto.

più basso / inferiore	kleiner, niedriger
più piccolo / minore	kleiner, jünger, geringer
più alto / superiore	größer, höher
più cattivo / peggiore	schlechter, böser
posteriore	hinterer, -e, -es
anteriore	vorderer, -e, -es
ripetitivo	sich wiederholend
distruggere	zerstören
è una peste	*hier* (er) ist ein kleiner Teufel
la gomma	der Reifen
offrire	anbieten
il terremoto	das Erdbeben
il danno	der Schaden
il previsto	die Erwartung

93 *Ci* oder *ne*? Das ist hier die Frage!

In den Übungen 73 und 83 haben wir gelernt, wann man *ci* und wann man *ne* gebraucht. Da beide Wörtchen eine ähnliche Bedeutung haben (*ci* / *ne* = damit, darüber, davon, es, dazu, daran), kommt es immer wieder zu Verwechselungen. Halten Sie *ci* und *ne* in der folgenden Übung also gut auseinander.

Setzen Sie *ci* (*c'* / *ce*) oder *ne* dort ein, wo es erforderlich ist.

a Allora, Mimma, ______ vediamo domani sera verso le sette.
b Perché te ______ vai sul più bello? Adesso entriamo nel vivo della serata!
c Signor Ferri, abbiamo bisogno della macchina urgentemente. ______ la potrebbe riportare domani stesso?
d Domenica scorsa ______ siamo andati a sciare ma non ______ era molta gente.
e Hai risolto il problema con Oscar? – Guarda, ______ ho discusso due ore, ma poi per fortuna abbiamo raggiunto un accordo.
f Secondo te, Melania accetterà l'offerta? – Mm, ______ dubito.
g Adesso basta con questa storia del viaggio ad Amsterdam. Non ______ vogliamo più sentire parlare!

h Avendo fatto un corso intensivo ______ siamo migliorati molto in spagnolo.
i Vieni al concerto di Ligabue? – Sì, ______ vengo!
j Sai, ______ penso sempre a quella splendida vacanza a Londra. – Anch'io ______ penso sempre!
k I gianduiotti, che buoni! Me ______ dai uno? – Eh, anche due!
l Scusa, per caso hai una sigaretta? – No, non ______ l'ho. Lo sai che non fumo!
m Vuoi un altro po' di pasta? – No, grazie. ______ ho mangiato troppo. Non ______ voglio più.
n Abbiamo ricevuto il formulario ieri, ______ lo abbiamo compilato e rispedito immediatamente.
o Ragazzi, vogliamo fare un giro sul pedalò? Che ______ dite?
p Lo sai che Giuseppina e Carletto si sono messi insieme? – Guarda, non ______ credo nemmeno se lo vedo!

sul più bello	wenn es am schönsten ist
nel vivo di	mitten in
urgentemente	dringend
riportare	zurückbringen
discutere (discusso)	diskutieren
raggiungere	erreichen, erzielen
l'accordo	die Einigung
accettare	annehmen
l'offerta	das Angebot
dubitare	zweifeln
migliorare	sich verbessern
Luciano Ligabue	*Sänger (*1960)*
il gianduiotto	die Nusspraline
compilare	ausfüllen
immediatamente	unverzüglich
il pedalò	das Tretboot
mettersi insieme	ein Paar werden
nemmeno	nicht einmal

94 Am meisten, am besten, am ... italienischsten

Die deutsche Struktur „am + Superlativ" (z. B. am meisten, am besten, am höchsten etc.) hat im Italienischen keine einheitliche Entsprechung. Häufig muss man einen Satz umformulieren, um sie auszudrücken.

Zwei Beispiele:

Am besten nehmen wir die erste Straße links. → *La cosa migliore è prendere la prima strada a sinistra.*

Am schwierigsten ist Mathematik! → *La matematica è la materia più difficile (di tutte)!*

Versuchen Sie sich nun an der nächsten Übung. Anschließend vergleichen Sie Ihre Lösungen mit denen des Lösungsschlüssels. Wenn nötig, machen Sie die Übung zu einem späteren Zeitpunkt noch einmal.

Übersetzen Sie.

a Ich setze mich am besten nach vorne.

b Hier stehst du am höchsten.

c Am schnellsten lässt sich eine Suppe kochen.

d Das ist die am meisten verkaufte CD.

e Wie lerne ich am besten?

f Auf der Preisverleihung war Tina am schlechtesten angezogen.

g Wo können Familien am besten leben?

h In welcher Sprache sind Musiktexte für dich am schönsten?

i Am schwierigsten finde ich Windsurfen.

j Ich glaube, dass Eltern am häufigsten über die Kindererziehung streiten.

k Welcher Stadtteil ist am schönsten?

____

l Deutschland zählt zu den am höchsten entwickelten Ländern der Erde.

____

m Welches sind die am schlechtesten bezahlten Berufe?

____

n Welches Musikinstrument ist am schwierigsten zu erlernen?

____

o Unsere Stadt ist am größten.

____

p Eine Studie hat ergeben, dass Hausfrauen am schlechtesten schlafen.

____

migliore	beste
davanti	vorne
alto	hoch
veloce, rapido	schnell
più di tutto, di più	am meisten
la premiazione	die Preisverleihung
peggiore	schlechtest
difficile	schwierig
spesso, frequente	häufig
l'educazione *f* **dei figli**	die Kindererziehung
litigare	streiten
il quartiere	der Stadtteil
essere	*hier* zählen
sviluppato	entwickelt
la professione	der Beruf
lo strumento musicale	das Musikinstrument
imparare	erlernen
lo studio	die Studie
risultare	ergeben
la casalinga	die Hausfrau

95 Multifunktionale Verben

Die Verben ***salire***, ***scendere***, ***aumentare***, ***diminuire***, ***accendere***, ***spegnere***, ***aprire***, ***chiudere*** zeichnen sich alle dadurch aus, dass sie unterschiedliche deutsche Bedeutungen haben können: z. B. entspricht *accendere* nicht nur „anzünden“ sondern heißt gleichzeitig auch „einschalten“ oder „eröffnen“. Vergessen Sie bitte nicht: die Verben *salire*, *scendere*, *aumentare* und *diminuire*, können die zusammengesetzten Zeitformen – z. B. das *passato prossimo* – sowohl mit *essere* als auch mit *avere* bilden: *sono salito / ho salito*.

Ergänzen Sie mit den oben genannten Verben in der richtigen Zeitform. Manchmal sind zwei Alternativen möglich.

a Deve ____________ a Via Cavour e deve ____________ al capolinea.
b Per piacere, puoi ____________ la luce? Si è fatto buio.
c Se di notte (tu) ____________ il riscaldamento, risparmieresti.
d Ragazzi, ____________ il libro a pagina 35.
e Ieri (io) ____________ con l'ascensore fino al quinto piano ma poi ____________ a piedi.
f Negli ultimi mesi il prezzo dei latticini ____________ molto!
g Che freddo! Che dite, ____________ il camino? – Sì, così ci riscaldiamo un po'!
h Quando si è fermi in galleria, si ____________ il motore!
i Gemma, potresti ____________ la finestra? Si soffoca!
j Lo scorso semestre gli iscritti ____________ . Infatti si sono formati meno corsi.
k L'anno scorso i miei amici ____________ un mutuo che finiranno di pagare nel 2025!
l Qui i negozi di solito ____________ alle 9.00 e ____________ alle 20.00.
m Che bello! Hai visto la busta paga? Il capo ci ____________ lo stipendio!
n Alcuni volontari hanno aiutato a ____________ gli incendi nei boschi.
o Come hai fatto a risparmiare? – Beh, ____________ le spese.

p Ehi, sei ingrassata, vero? – Purtroppo sì. A causa dello stress ____________ di 10 chili!

q Ecco, la pioggia sta ____________ . Adesso possiamo uscire.

r Giacomo, ____________ la bombola del gas, altrimenti non posso cucinare.

salire	hinaufgehen/-fahren, (ein)steigen
scendere	hinuntergehen/-fahren, sinken, aussteigen
aumentare	erhöhen, zunehmen, steigen
diminuire	kürzen, nachlassen, abnehmen
spegnere	ab-/ausschalten, löschen
aprire	aufmachen/-drehen/-schlagen
chiudere	schließen, abstellen
il capolinea	die Endstation
i latticini	die Milchprodukte
la galleria	*hier* der Tunnel
soffocare	ersticken
il mutuo	das Darlehen
la busta paga	die Lohnabrechnung
l'incendio	der Brand
la bombola del gas	die Gasflasche

6 Überraschungen mit *essere, andare* und *venire*

Normalerweise heißt *essere* „sein", *andare* „gehen" und *venire* „kommen". Im Italienischen werden diese drei Verben jedoch auch für die Bildung des Passivs benutzt und erhalten dadurch völlig neue Bedeutungen:

La casa ***è stata*** *abbattuta.*	Das Haus **ist** abgerissen **worden.**
Le tasse ***vanno*** *pagate.*	Die Steuern **müssen** bezahlt werden.
L'ufficio ***viene*** *ristrutturato.*	Das Büro **wird** renoviert.

Beachten Sie dabei ebenfalls: *Andare* und *venire* werden nur in den einfachen Zeiten verwendet – z. B. *presente, imperfetto, futuro semplice* etc. – und nicht in den zusammengesetzten Zeitformen (z. B. *passato prossimo*).

Kreuzen Sie die richtige Form an. Mehrfachnennungen sind möglich.

a L'anno prossimo ______ costruita una nuova scuola.
☐ verrà ☐ sarà ☐ verrebbe

b Prima, nella nostra ditta, il personale ______ assunto a tempo indeterminato.
☐ è venuto ☐ è stato ☐ veniva

c La legge elettorale ______ modificata.
☐ va ☐ è andata ☐ deve essere

d La bolletta del telefono ______ pagata ieri.
☐ veniva ☐ è stata ☐ era

e I mobili nuovi ______ consegnati mercoledì scorso.
☐ sono ☐ sono venuti ☐ sono stati

f Pensavo che tu ______ promosso.
☐ saresti ☐ fossi stato ☐ verresti

g Pierpaolo è una persona affidabile e infatti ______ stimato da tutti.
☐ va ☐ viene ☐ è

h Temo che il cinema ______ chiuso.
☐ sia stato ☐ è stato ☐ sia venuto

i Il televisore ______ riparato ma io non ho la disponibilità economica.
☐ è stato ☐ verrebbe ☐ andrebbe

j Credevo che i rapinatori ______ già arrestati!
☐ andassero ☐ fossero stati ☐ fossero venuti

assumere	einstellen
a tempo indeterminato	zeitlich unbegrenzt
la legge elettorale	das Wahlgesetz
la bolletta	die Rechnung
consegnare	liefern
promuovere	versetzen
temere	fürchten
il rapinatore	der Räuber
arrestare	festnehmen

7 *Dare*: ein wirklich „freigiebiges" Verb

Generell entspricht das Verb *dare* dem deutschen Verb „geben". Häufig jedoch wird *dare* auch in feststehenden Ausdrücken gebraucht, die im Deutschen nicht mit „geben" übersetzt werden.

Verbinden Sie die linke mit der rechten Spalte zu sinnvollen Sätzen oder zu Mini-Dialogen. Vervollständigen Sie die Sätze mit den unten stehenden Verbformen.

si danno   dare (2×)   dai (2×)   date (2×)   hai dato (2×)   danno (2×)   ha dato

a Non sopporto quando i baristi o i commessi ...
b Quanti esami ________ questa sessione? –
c Quando siamo state presentate, ...
d Non metterti la pelliccia e nemmeno gioielli, altrimenti ...
e Puoi ________ uno sguardo ai bambini? Sono soli in giardino. –
f Perché mi ________ sempre torto? –
g Siete troppo deboli con i vostri figli, ...
h Ferdinando, mi puoi ________ una mano? –
i ________ da mangiare al gatto? –
j Le camere da letto ________ ...
k Ho alcuni colleghi che lavorano da anni insieme ...
l Bambini, ________ ascolto ai vostri nonni ...

1 Certo! Cosa posso fare?
2 Ma non è affatto vero! Sono solo un po' critico.
3 Lo faccio subito.
4 eppure ________ ancora del Lei!
5 ________ troppo nell'occhio.
6 che hanno tanta esperienza e sono tanto saggi.
7 mi ________ del tu solo perché sono giovane!
8 sul cortile interno.
9 Due orali e uno scritto.
10 Non ti preoccupare, stanno giocando a palla.
11 gliela ________ sempre vinta.
12 lei non mi ________ la mano!

Vervollständigen Sie jetzt mit Hilfe der Sätze von Seite 159 die folgende Liste mit Ausdrücken mit *dare*.

______________________	(sich) duzen
______________________	(sich) siezen
______________________	gehen auf
______________________	ins Auge fallen
______________________	Unrecht geben
______________________	nachgeben
______________________	einen Blick werfen
______________________	Gehör schenken
______________________	die Hand reichen
______________________	zur Hand gehen
______________________	füttern
______________________	eine Prüfung ablegen

sopportare	ertragen
il commesso	der Verkäufer
la sessione	*hier* der Prüfungszeitraum
la pelliccia	der Pelz
i gioielli	der Schmuck
debole	schwach
affatto	ganz und gar
saggio	weise
orale	mündlich
scritto	schriftlich

98 Nachgefragt und durchgeblickt ... *all'italiana*

Im Deutschen kann man eine Präposition oder ein Adverb an ein Verb anhängen und damit seine Bedeutung grundlegend verändern: aus + schlafen heißt dann „länger / genug schlafen“. So einfach ist es im Italienischen nicht, denn es gibt für diese erweiterten deutschen Verben eigenständige Ausdrücke, die gelernt werden müssen. Im Folgenden üben Sie einige nützliche Beispiele aus dem Alltag!

Vervollständigen Sie mit Hilfe der deutschen Entsprechungen die italienischen Sätze mit den unten stehenden Angaben.

non mi è chiara · separati · visto · passate tante · conosce · bevi · fare una specializzazione · stabilito · dormire di più · rincorrere · hai / porti · mangiato tutto · continuare a lavorare · viene a prendere · giocato tutti · non l'ho sentito · occupare · imporre · copiato · affrontare · recuperare

a	Am Sonntag kann man ausschlafen.	La domenica si può ________ .
b	Hast du alles aufgegessen?	Hai ________ ?
c	Alles austrinken!	________ tutto!
d	Das habe ich überhört.	Questo ________ .
e	Da blicke ich nicht durch.	Questa cosa ________ .
f	Ich habe das übersehen.	Non l'ho ________ .
g	Alle haben mitgespielt.	Hanno ________ .
h	Ich muss zwei Lektionen nachlernen.	Devo ________ due lezioni.
i	Sie wollen weiterarbeiten.	Vogliono ________ .
j	Ich möchte mich weiterbilden.	Voglio ________ .
k	Sie hat von meiner Klausur abgeschrieben.	Ha ________ il mio compito.
l	Wir müssen das Thema ansprechen.	Dobbiamo ________ l'argomento.
m	Du hast ein schönes Kleid an!	Che bel vestito che ________ / ________ !
n	Sie sind auseinander gegangen.	Si sono ________ .
o	Er will sich damit nicht auseinandersetzen.	Non se ne vuole ________ .
p	Sie kennt sich gut aus in Rom.	________ bene Roma.
q	Wer holt mich ab?	Chi mi ________ ?
r	Sie haben viel durchgemacht.	Ne hanno ________ .
s	Er kann sich durchsetzen.	Si sa ________ .
t	Ich musste ihr nachlaufen.	L'ho dovuta ________ .
u	Was habt ihr ausgemacht?	Che avete ________ ?

99 Redewendungen mit Pfiff

Wollen Sie Ihren italienischen Gesprächspartner verblüffen? Dann sollten Sie ein paar Redewendungen lernen: Denn diese machen eine Sprache spritzig und lebendig und hinterlassen einen positiven Eindruck.

Tragen Sie die fehlenden Wörter der Redewendungen in das *cruciverba* ein.

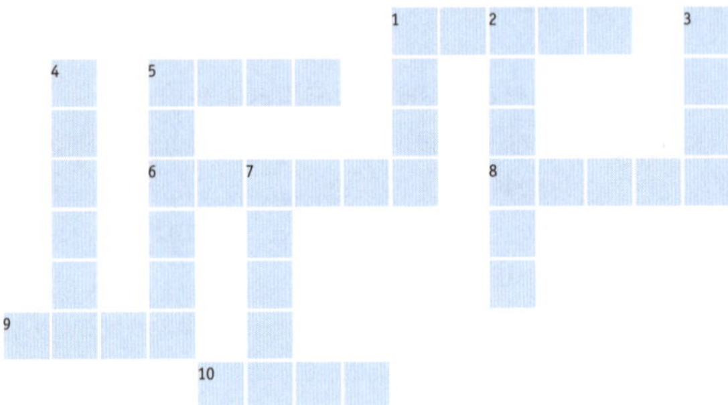

Orizzontali

1 Hai la _____ d'oca! – Eh sì, mi sono emozionato.
5 Ha preso due piccioni con una _____.
6 È stato velocissimo, ha finito in un batter d'_____ .
8 Ha fatto buon viso a cattivo _____ .
9 Spende esageratamente. Ha le _____ bucate!
10 Leo non ha _____ sulla lingua, parla apertamente.

Verticali

1 Come sei pignolo! Cerchi sempre il _____ nell'uovo.
2 Ce l'ho sulla punta della _____ .
3 Ne sono certo. Ci metto la _____ sul fuoco.
4 Adesso basta! Mettiamoci una _____ sopra.
5 Quando mia moglie e mio figlio litigano, sono tra due _____ .
7 Qualcuno ha bussato alla porta nel _____ della notte.

Ordnen Sie den oben genannten Redewendungen nun die deutschen Entsprechungen zu.

______________________	Schwamm drüber
______________________	mitten in der Nacht
______________________	ein Haar in der Suppe suchen
______________________	gute Miene zum bösen Spiel machen
______________________	im Nu
______________________	verschwenderisch sein
______________________	kein Blatt vor den Mund nehmen
______________________	zwei Fliegen mit einer Klappe schlagen
______________________	Gänsehaut haben
______________________	etw. auf der Zunge liegen haben
______________________	die Hand ins Feuer legen
______________________	zwischen zwei Stühlen sitzen

Wortschatz im Kontext: *Acquisti*

Wer geht nicht gerne in Italien shoppen! Im folgenden Dialog finden Sie interessante und aktuelle Ausdrücke zum Thema „Einkaufen". Viel Erfolg beim italienischen Einkaufsbummel!

Vervollständigen Sie mit den unten stehenden Angaben.

cotone   cambiarla   bassa   ritirarla   i camerini   invernali   portare
i capi   vuole   Le sta   larga   accorciare   vetrina   provo   gamba
maniche

● Buongiorno! Senta, vorrei vedere quel tailleur che è in ______________ .

■ Sì, signora, quello gessato, di ______________ . Che taglia porta? … Mm, la 44 dovrebbe andarLe bene. Ecco, Lo provi. Guardi, ______________ sono qui dietro. … E Lei, signorina? Cerca qualcosa di preciso? Guardi, qui ci sono ______________ della collezione estiva, sono appena arrivati. Lì, invece, trova dei capi ______________ scontati.

▲ Ci do un'occhiata. … Eh, scusi, su questi pantaloni a ______________ larga che sconto c'è?

● Del 70 %. Sono gli ultimi che ho. Non so se c'è la Sua taglia. Lei dovrebbe ______________ la 42. Vediamo... e infatti la Sua taglia non ce l'ho. Ma, guardi questi neri con le tasche operate, sono a vita ______________ come gli altri, però a gamba stretta. Li ______________ provare?

▲ No, non mi piacciono. ... ______________ questi qui a pinocchietto.

● Bene. ... Oh, signora, il tailleur ______________ un incanto! Le dà un tono molto professionale!

■ Sì, però la gonna è troppo lunga e anche un po' ______________ di vita.

● Non c'è problema. Adesso Le prendo le misure e la facciamo ______________ e stringere in vita dalla sarta. Ecco fatto! Tra due giorni può passare a ______________ .

■ Va bene, grazie.

▲ ... Senta, i pantaloni vanno bene, li prendo. E prendo anche questa maglietta rossa a ______________ corte. Se al mio ragazzo non dovesse piacere il colore, sarebbe possibile ______________ ?

● Certo, però deve conservare lo scontrino. ... Prego, si accomodi alla cassa.

i camerini	die Umkleidekabinen
il capo	das Kleidungsstück
accorciare	kürzen
la manica	der Ärmel
il tailleur	das Kostüm
gessato	mit Nadelstreifen
la taglia	die Größe
scontare	*hier* ermäßigen
dare un'occhiata a	einen Blick werfen auf
la tasca operata	die gemusterte Tasche
(i pantaloni) a pinocchietto	die Capri-Hosen
l'incanto	der Zauber
la vita	*hier* die Taille
stringere	enger machen
lo scontrino	der Kassenzettel

01 Klein aber fein: die Verkleinerungsformen

Verkleinerungsformen (Diminutive) können sich auf die Größe und, in ihrer Funktion als Kosewörter, auch auf den Charakter einer Person oder einer Sache beziehen. Im abwertenden Sinne können sie auf die Schwächen einer Person oder Sache hinweisen.
Die Verkleinerungsformen italienischer Wörter werden durch das Anhängen bestimmter Nachsilben gebildet. Leider gibt es verschiedene Nachsilben, aber keine festen Regeln, wann welche benutzt werden.

Ordnen Sie die unten stehenden Verkleinerungsformen ihren Nachsilben zu. Achtung: Nicht alle sind Verkleinerungsformen!

~~casetta~~ cattivello bruttino brevetto freddino avvocatuccio orsacchiotto bellino tavolino poveretto bacetto libricino cappotto bastoncino impiegatuccio appartamentino topolino manina sgabello gocciolina uccellino ponticello alberello isoletta femminuccia bambino orticello cucchiaino passerella leprotto pattino asinello

-ino/a	
-(i)cino	
-olino/a	
-etto/a	*casetta*
-(ic)ello	
-uccio/a	
-otto	
-acchiotto	

Ordnen Sie jetzt die nicht verkleinerten Wörter ihren deutschen Entsprechungen zu.

____________	Kind	____________	Hocker
____________	Patent	____________	Laufsteg
____________	Mantel	____________	Rollschuh

Welche Verkleinerungsformen haben eine abwertende Bedeutung?

____

l'asino	der Esel
l'avvocato	der Rechtsanwalt
il bastone	der Stock
la femmina	das Weib
la goccia	der Tropfen
la lepre	der Hase
l'orso	der Bär
l'orto	der Gemüsegarten

102 *Avanti il prossimo!* Der Nächste, bitte!

In der nächsten Übung geht es um das deutsche Adjektiv „nächster, -e, -es" und seine italienischen Entsprechungen:

- mit örtlicher Bedeutung → *prossimo, il più vicino*
- im Sinne von „kürzest" → *il più breve*
- mit zeitlicher Bedeutung → *prossimo* (auf die Zukunft bezogen)
- im Sinne von „darauf folgend" → *seguente / successivo / dopo*

*Deve scendere alla **prossima** fermata.*	Sie müssen an der nächsten Haltestelle aussteigen.
*Questa è la stazione più **vicina**.*	Das ist der nächste Bahnhof.
*Vengo a trovarti la **prossima** settimana.*	Ich besuche dich nächste Woche.
*Ci siamo rivisti l'anno **seguente** / **successivo** / **dopo**.*	Wir haben uns im nächsten Jahr wiedergesehen.

Vervollständigen Sie mit den unten stehenden Angaben. Achtung! Sowohl Mehrfachnennungen als auch alternative Antworten sind möglich.

prossima   più breve   più vicina   successivo   prossimi   prossimo   seguente   dopo   più vicino

a Scusi, mi sa dire dov'è la farmacia ____________________ ?
b Qual è la ____________________ fermata? – Piazza di Spagna.
c Hanno detto che l'anno ____________________ cambiano casa.
d Il giorno ____________________ l'ho incontrato di nuovo sul treno.
e Ragazzi, la ____________________ volta studiamo Pirandello.
f Guardi, questa è la via ____________________ per Latina.
g Dissero che l'anno ____________________ si sarebbero sposati.
h Il mese ____________________ comincio un corso di computer.
i Nessuno mi ha saputo dire dove si trova l'ospedale ____________________ .
j Tre anni fa ha raccontato che l'anno ____________________ sarebbe andato a vivere a New York.
k Andiamo a cinema sabato ____________________ ?
l Il mercoledì ____________________ Adriano non poté incontrare il suo vecchio amico.
m Ti chiamo nei ____________________ giorni. Va bene?
n Quando c'è la ____________________ corsa di Formula 1? – Tra due settimane.

la fermata	die Haltestelle
di nuovo	wieder, erneut
Luigi Pirandello	*Schriftsteller (1867 – 1936)*
dissero (dire) (*passato remoto*)	sie sagten
sposari	heiraten
raccontare	erzählen
poté (potere) (*passato remoto*)	er konnte
la corsa	das Rennen

103 Kleine Wörter, große Unterschiede: *da, dà, la, là, vi, ve ...*

Im Italienischen gibt es sehr viele kleine, aber wichtige Wörter:

- Einige unterscheiden sich nur durch einen Akzent, wie *la* und *là*.
- Andere wiederum unterscheiden sich durch einen einzigen Buchstaben, z. B. *vi* und *ve*.
- Wieder andere haben mehrere Bedeutungen: z. B. *la* → die, sie, A (Ton).

Setzen Sie die folgenden Wörter ein: *ci, ce, da, dà, e, è, fa, la, là, le, li, lì, ne, né, si, sì, vi, ve.* Mehrfachnennungen sind möglich.

a Chi ____ questa qui nella foto accanto alla zia Lidia?
b Sei italiano? – ____ , vengo ____ Rimini.
c L'insegnante ____ un compito facile agli studenti.
d Clemente ____ Stefano sono colleghi.
e Mamma, abbiamo fame! ____ prepari la merenda? – ____ ____ preparo subito!
f Ero indecisa fra due abiti e alla fine non ho comprato ____ l'uno ____ l'altro.
g Questo brodo è squisito! – ____ vuoi ancora?
h Secondo la tradizione, ____ Vigilia di Natale ____ dovrebbe mangiare pesce.
i Tanti anni ____ scrissi una poesia bellissima che vinse un premio.
j Guarda ____ , quel tipo sta rubando le piantine dell'aiuola.
k ____ quarta nota musicale si chiama ____ , la sesta nota invece si chiama ____ .
l Scusi, ha un fazzolettino di carta? – No, mi dispiace, non ____ l'ho.
m ____ lasagne ____ facciamo sempre il martedì grasso.
n Dopodomani abbiamo l'esame! – Oh, non ____ voglio pensare!
o I ravioli ____ preferisco con il ripieno di ricotta.
p Ubaldo, Ciro, ____ volevo chiedere una cortesia.
q Dove sono i piatti fondi? – ____ sotto.
r Guarda che Renata si è offesa! – Non me ____ frega!

accanto a	neben
il compito	die Aufgabe
la merenda	der Imbiss (am Nachmittag)
indeciso	unentschlossen
l'abito	das Kleid
il brodo	die Brühe
la Vigilia di Natale	der Heiligabend
scrissi (scrivere) *(passato remoto)*	ich schrieb
la poesia	das Gedicht
rubare	stehlen
l'aiuola	das Beet
il fazzolettino di carta	das Papiertaschentuch
il martedì grasso	der Faschingsdienstag
dopodomani	übermorgen
il ripieno di ricotta	die Frischkäsefüllung
la cortesia	*hier* die Gefälligkeit
il piatto fondo	der Suppenteller
offendersi	beleidigt sein
fregarsene	auf etwas pfeifen

.04 *Se* und *quando*: ob ... wann ... wenn ... als

Gerade aufgrund ihrer ähnlichen Bedeutung im Deutschen werden die Bindewörter *se* und *quando* oft verwechselt. Beachten Sie daher:

- *Se* heißt sowohl „wenn",im Sinne von „wenn, falls", als auch „ob".
- *Quando* heißt ebenfalls „wenn", aber im Sinne von „immer wenn", außerdem kann es „wann" sowie „als" bedeuten.

Non so ***se*** *posso venire.*	Ich weiß nicht, **ob** ich kommen kann.
Se *venite, ci divertiamo.*	**Wenn** ihr kommt, amüsieren wir uns.
Quando *venite?*	**Wann** kommt ihr?
Quando *studio ho bisogno di silenzio.*	**Wenn** ich lerne, brauche ich Ruhe.
Quando *sono caduto, sono dovuto andare in ospedale.*	**Als** ich gestürzt bin, musste ich ins Krankenhaus (gehen).

Verbinden Sie die linke mit der rechten Spalte zu sinnvollen Mini-Dialogen. Ergänzen Sie dabei mit *se* oder *quando*.

a ________ lavoro al computer, ho sempre la radio accesa. E tu? –
b ________ avessi giocato la schedina, questa volta avrei vinto. –
c Non avevo ancora finito il liceo ________ ho conosciuto Caterina. –
d ________ facciamo una bella partita a scacchi? –
e Non lo so ancora ________ posso venire con te al mare. –
f Fatemi sapere ________ arrivate, così vi vengo a prendere all'aeroporto. –
g Orlando ha l'appendicite. Deve essere operato. –
h ________ ero piccolo giocavo tutti i pomeriggi con i miei cugini in cortile. –
i Oggi e domani ho gli operai a casa. Devono cambiare l'impianto di riscaldamento. –
j ________ i politici fossero più onesti, la gente crederebbe di più nella politica!

1 Che classe frequentavi?
2 Fai presto a decidere, altrimenti rischiamo di non trovare più posto nel villaggio.
3 Oh, ma tu ________ l'hai saputo? Io l'ho visto ieri e non mi ha detto niente!
4 Guarda, non ce n'è bisogno. Possiamo prendere un tassì.
5 Secondo me, non è questione di onestà ma di demagogia!
6 ________ vuoi, puoi dormire a casa mia.
7 E perché non l'hai giocata?
8 No, io ho bisogno di silenzio per concentrarmi.
9 Magari domani sera. Che ne dici?
10 Ah, beato te! Io non avevo nessuno con cui giocare!

la schedina	der Tippschein
(gli) scacchi	Schach
l'appendicite, *f*	die Blinddarmentzündung
il cortile	der Hof
l'operaio	der Handwerker
l'impianto di riscaldamento	die Heizungsanlage

onesto	ehrlich
altrimenti	sonst
il villaggio (turistico)	die Ferienanlage
l'onestà	die Ehrlichkeit
la demagogia	die Demagogie
il silenzio	die Stille
beato te!	du Glücklicher!

.05 Präposition nach dem Verb: ja oder nein?

In Übung 36 haben wir bereits wichtige Verbindungen von Verben und Präpositionen im Italienischen gelernt, die an dieser Stelle wiederholt werden sollen. Neu hinzu kommen Verben, die gar keine Präposition verlangen. Lesen Sie folgende Beispiele und beachten Sie die Unterschiede zum Deutschen:

Soffro ***di*** *insonnia.* (Präposition nach dem Verb) Ich leide **unter** Schlaflosigkeit.
Amo leggere. (keine Präposition nach dem Verb) Ich liebe es **zu** lesen.

Ergänzen Sie – wo nötig – mit der richtigen Präposition und evtl. dem passenden Artikel.

a Sto aspettando ______ Aurelio, che come al solito è in ritardo!
b Il libro consiste ______ due parti, una teorica e una pratica.
c Odio ______ nuotare in piscina!
d Come te la cavi ______ cucinare? – Sono una frana!

e Fidati ______ me!
f Sono vent'anni che vivo qui e non mi sono ancora abituato ______ rumori della strada.
g Ho imparato molto ______ mio insegnante d'inglese.
h Ti piace ______ pattinare? – Sì, molto!
i Continuiamo ______ lavorare un altro po' o smettiamo?
j Buttalo via, tanto non serve ______ niente!
k Allora, brindiamo ______ tua promozione!
l Mi sono informato ______ direttore.
m Ezio ama ______ dipingere con i colori a olio.
n Stai ancora pensando ______ discussione con Francesco?
o Abbiamo discusso ______ problema a lungo.
p Ieri Orazio e Guido hanno parlato ______ filosofia per due ore!
q Qui puzza ______ bruciato! – Sì, ho dimenticato l'arrosto nel forno!
r Si rivolga ______ ufficio informazioni. Lì sapranno aiutarLa.
s Preferiamo ______ rimanere un altro po'.
t Hai telefonato ______ nonno?

consistere	bestehen
nuotare	schwimmen
la piscina	das Schwimmbad
cavarsela	zurechtkommen
essere una frana	eine Katastrophe sein
fidarsi	vertrauen
Sono vent'anni che ...	Seit 20 Jahren ...
abituarsi	sich gewöhnen
il rumore	der Lärm
pattinare	Rollschuh laufen
brindare	zuprosten
la promozione	die Beförderung
dipingere	malen
puzzare	stinken, riechen
bruciato	verbrannt
l'arrosto	der Braten
il forno	der Ofen
rivolgersi	sich wenden

06 Schluss damit: das Verb *finire*

Finire vereint mehrere wichtige deutsche Verben des Beendens in sich, z. B. „enden, beenden, aufhören, fertig sein, aufbrauchen, ausgeben, ausgehen, aufessen, austrinken". Daher ist es nützlich die vielen Nuancen von *finire* zu üben.

Nicht vergessen: *Finire* bildet die zusammengesetzten Zeitformen (z. B. das *passato prossimo*) sowohl mit dem Hilfsverb *avere* als auch mit *essere*.

Hai finito di leggere il giornale?	Hast du die Zeitung schon fertig gelesen?
Il film è finito a mezzanotte.	Der Film war um Mitternacht zu Ende.

Übersetzen Sie. Verwenden Sie dabei in jedem Satz das Verb *finire*.

a Sie haben letzte Woche die Renovierung des Doms beendet.

b Ich habe das Buch leider noch nicht fertig gelesen.

c Die Eier sind ausgegangen. Könntest du bitte welche kaufen?

d Bald wird der Winter zu Ende sein.

e Mein Grundstück endet am Steinbruch.

f Der Po mündet in die Adria.

g Weißt du, wo mein Rucksack gelandet ist?

h Ich bin eingeschlafen! Wie ist der Film ausgegangen?

i Sie können nicht (mehr) weiterfahren. Die Straße endet hier.

j Marco muss die E-Mail noch fertig schreiben.

k Es hat aufgehört zu regnen.

l Wir haben das ganze Geld innerhalb weniger Tage aufgebraucht.

m Kann ich dein Glas abräumen? – Nein, ich muss noch austrinken.

n Die Kinder müssen (noch) aufessen.

o Ich bin fertig! Lasst uns etwas essen gehen!

p Um wie viel Uhr war der Kurs zu Ende? – Um 19:00 Uhr.

q Wir müssen noch die letzten Raten für das Auto abbezahlen.

r Ich werde im August 40 Jahre alt.

la ristrutturazione del duomo	die Renovierung des Doms
l'uovo	das Ei
il terreno	das Grundstück
la cava	der Steinbruch
il mare Adriatico	die Adria
lo zaino	der Rucksack
addormentarsi	einschlafen
continuare	weiterfahren
nel giro di	innerhalb
togliere	*hier* abräumen
la rata	die Rate

107 Fragen kostet nichts: Verben rund ums Fragen

Hier finden Sie die wichtigsten Verben des Fragens aufgelistet. Achten Sie dabei besonders auf *domandare* und *chiedere*. Beide Verben werden, bis auf wenige Ausnahmen, in der Regel synonym gebraucht.

domandare: fragen, verlangen, bitten
chiedere: fragen, verlangen, bitten
pregare: bitten, beten
interrogare: verhören, ausfragen, abfragen
interpellare: (einen Fachmann) (be)fragen
informarsi: sich erkundigen
intervistare: interviewen, befragen
supplicare: anflehen, bitten

Kreuzen Sie die richtige Form an. Achtung! Manchmal können auch beide Alternativen richtig sein.

a	Dato che la tua malattia è piuttosto rara, forse sarebbe meglio ________ uno specialista.	☐ interrogare ☐ interpellare
b	Guardi, può ________ lì all'ufficio spedizioni.	☐ interpellare ☐ informarsi
c	Melania ________ ai suoi genitori il permesso di andare in vacanza con alcune amiche.	☐ domandò ☐ chiese
d	Oggi sono stato ________ in filosofia.	☐ interrogato ☐ interpellato
e	Tutti i giorni, alla fermata dell'autobus, incontro Eugenio, il quale mi ________ sempre di te.	☐ domanda ☐ chiede
f	Tutti i giornalisti si accalcarono intorno al ministro per ________ .	☐ intervistarlo ☐ interpellarlo
g	Il condannato ________ il giudice di concedergli la grazia.	☐ supplicò ☐ domandò
h	Una volta ho pestato il piede a un signore. Naturalmente gli ________ subito scusa e invece lui ha cominciato a insultarmi.	☐ ho domandato ☐ ho chiesto
i	Durante il processo il PM ________ tutti i testimoni.	☐ interpellò ☐ interrogò
j	I fedeli vanno in chiesa per ________ .	☐ supplicare ☐ pregare

k La ________ di darmi una risposta al più presto possibile.
- ☐ prego
- ☐ chiedo

l Mio nonno ________ la mano di mia nonna, quando lei aveva appena 15 anni.
- ☐ chiese
- ☐ domandò

m Un passante mi ________ l'ora.
- ☐ ha pregato
- ☐ ha chiesto

n I poliziotti ________ i testimoni oculari.
- ☐ interrogarono
- ☐ domandarono

lo specialista	*hier* der Facharzt
l'ufficio spedizioni	die Versandabteilung
il permesso	die Erlaubnis
accalcarsi	sich zusammendrängen
il condannato	der Verurteilte
il giudice	der Richter
concedere la grazia	begnadigen
pestare	*hier* treten
insultare	beschimpfen
il PM (Pubblico Ministero)	der Staatsanwalt
il fedele	der Gläubige
il passante	der Passant
il testimone oculare	der Augenzeuge

108 Das *gerundio*: Ein exklusiv italienisches Modell!

Das *gerundio* ist eine im Deutschen nicht gebräuchliche Zeitform. Das *gerundio* wird im Italienischen benutzt,

- um auszudrücken, dass man gerade dabei ist, etwas zu tun. Das *gerundio* wird in diesem Fall immer vom Verb *stare* begleitet. Vergleichen Sie:

I ragazzi studiano.	*I ragazzi **stanno studiando**.*
Die Jungen lernen.	Die Jungen lernen <u>gerade</u>.

- um zwei Sätze zu verknüpfen (beide Sätze müssen dasselbe Subjekt haben!):

  <u>*Se studi*</u> *di più, superi l'esame di sicuro.* → ***Studiando*** *di più superi l'esame di sicuro.*

  Wenn du mehr lernst, bestehst du sicher die Prüfung.

  <u>*Poiché sono uscito*</u> *tardi, ho perso il treno.* → ***Essendo*** *uscito tardi ho perso il treno.*

  Weil ich zu spät losgegangen bin, habe ich den Zug verpasst.

Verbinden Sie die deutschen Sätze mit ihren italienischen Entsprechungen und ergänzen Sie diese dann mit dem passenden Verb im *gerundio* (oder *stare + gerundio*).

a	Die Kinder spielten Verstecken.	1	Pur ________________ male sono andato a lavorare.
b	Wenn wir den Bus nehmen, sind wir schneller.	2	________________ presto, non trovate traffico.
c	Beim Treppengehen bin ich gestolpert.	3	________________ di meno, avresti più tempo.
d	Wir arbeiten gerade an einem neuen Projekt.	4	Credo che Francesca ________________ .
e	Beim Nähen habe ich mich mit der Schere geschnitten.	5	Sono inciampato ________________ le scale.
f	Wenn du weniger schlafen würdest, hättest du mehr Zeit.	6	I bambini ________________ a nascondino.
g	Weil ich noch nicht gegessen hatte, habe ich eine Pizza bestellt.	7	________________ un aumento, ho comprato un'auto nuova.
h	Wenn ihr früh losfahrt, habt ihr keinen Stau.	8	Mi sono tagliata con le forbici ________________ .
i	Ich glaube Francesca schläft gerade.	9	________________ a un nuovo progetto.
j	Da ich eine Gehaltserhöhung bekommen habe, habe ich mir ein neues Auto gekauft.	10	Non __________ ancora __________ , ho ordinato una pizza.
k	Weil wir zu spät gekommen sind, mussten wir stehen.	11	Facciamo prima ________________ l'autobus.
l	Obwohl es mir nicht gut ging, bin ich arbeiten gegangen.	12	________________ tardi, siamo dovuti stare in piedi.

109 Synonyme: Alles ist ersetzbar ...

Hier wird Ihr Wortschatz durch ein Rätsel zum Thema Synonyme (sinnverwandte Wörter) aufgefrischt und erweitert.

Tragen Sie die zu den unten stehenden Begriffen sinnverwandten Wörter in das *cruciverba* ein.

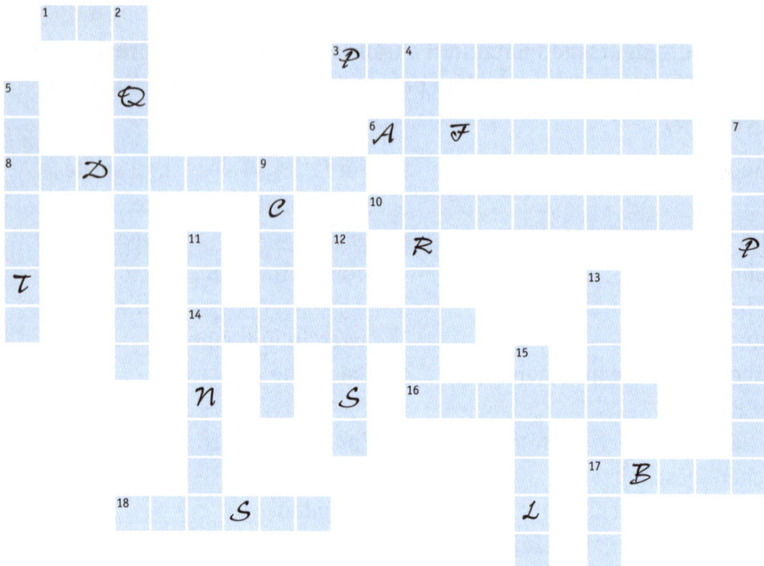

Orizzontali

1 (la) strada
3 (la) ceneriera
6 prendere
8 cambiare
10 (il) telefonino
14 (la) bugia
16 contento
17 (il) vestito
18 frequentemente

Verticali

2 comprare
4 (il) dolore
5 (l') incarico
7 difficile
9 vicino
11 restare
12 grande
13 vedere
15 (il) dono

la ceneriera	der Aschenbecher
la bugia	die Lüge
il dolore	der Schmerz
l'incarico	der Auftrag, die Aufgabe
il dono	das Geschenk, die Gabe

.10 Wortschatz im Kontext: *un articolo*

Der folgende Text ist ein Zeitungsartikel, der von einem Einbruch berichtet. Sie lernen dabei einige nützliche Ausdrücke zum Thema Polizei.

Vervollständigen Sie mit den unten stehenden Angaben.

imprenditore tentativo interrompendo festeggiare insospettitosi sera malvivente agenti a conoscenza avvenuto alcuni la polizia forzati per quando un'ombra di a con traccia giovane ha cominciato

Un cane mette in fuga il ladro

Il __________ spaventato dal fedele amico del figlio di un __________ torinese

Il tentato furto è __________ in casa di un noto imprenditore di Torino. Ieri __________ la famiglia era in città per __________ __________ un successo della ditta, insieme ad __________ collaboratori. Il figlio minore dell' imprenditore, un ragazzo __________ sedici anni, era voluto rimanere a casa __________ badare al cane, un setter di un anno al quale è molto affezionato.

Il __________ era appena rientrato __________ il cane dalla consueta passeggiata serale, __________ il fedele amico a quattro zampe __________ ad abbaiare in direzione della finestra. Il ragazzo __________ è uscito per controllare e ha visto __________ __________ che fuggiva via. Guardando gli infissi ha notato che erano stati __________ e quindi ha capito che si trattava di un __________ __________ di furto. Immediatamente ha avvertito __________ . Quando però sono arrivati gli __________ __________ , era ormai troppo tardi. Il ladro si era volatilizzato senza lasciare nemmeno una __________ .

L'imprenditore è stato costretto __________ rientrare subito nella sua abitazione, __________ __________ la festa della quale evidentemente il malvivente doveva essere __________ .

l'imprenditore, *m*	der Unternehmer
interrompere	abbrechen
insospettirsi	argwöhnisch werden
il malvivente	der Verbrecher
forzare	aufbrechen
l'ombra	der Schatten
la traccia	die Spur
mettere in fuga	in die Flucht schlagen
spaventare	erschrecken
fedele	treu
il tentato furto	der versuchte Diebstahl
badare	aufpassen, achten
il setter	der Setter
affezionato	zugetan
rientrare	zurückkommen
consueto	gewohnt
la passeggiata	der Spaziergang
la zampa	die Pfote
abbaiare	bellen
l'infisso	der Fensterrahmen
avvertire	benachrichtigen
volatilizzarsi	verschwinden
evidentemente	offensichtlich

11 Das Rätsel der doppelten Pluralformen

Einige Substantive besitzen zwei verschiedene Pluralformen. Die beiden Pluralformen desselben Substantivs können

- entweder dieselbe Bedeutung haben, wie z. B. *i ginocchi / le ginocchia* (die Knie)
- oder unterschiedliche Bedeutungen haben, wie z. B. *i membri* (die Mitglieder) / *le membra* (die Glieder des Körpers).

Der zweite Fall tritt am häufigsten auf!

Vervollständigen Sie mit den unten stehenden Angaben. Achtung! Manchmal passen beide Pluralformen an derselben Stelle.

lenzuoli strida delle dita stridi bracci membri delle membra
le labbra i ginocchi i labbri mura i diti le lenzuola braccia i muri
le ginocchia

a I miei suoceri mi hanno accolto nella loro famiglia a ________________ aperte.
b La piscina è affollatissima! Si sentono ________________ di bambini che giocano, si tuffano …
c Gli amici veri si contano sulla punta ________________ .
d Ho due amici che sono ________________ del parlamento.
e Le gambe fanno parte ________________ inferiori.
f Antonella ha ________________ carnose, la fronte alta e il naso sottile.
g Stamattina sono caduto e adesso mi fanno male ________________ .
h L'edificio è costituito da un corpo centrale e due ________________ laterali piuttosto lunghi.
i La ferita non si è cicatrizzata bene perché ________________ erano estremamente lacerati.
j Ho stirato quattro ________________ e dieci camicie.
k Le città medioevali erano cinte di ________________ di difesa.
l L'altro giorno cadendo mi sono fratturato ________________ mignoli.
m Come è piacevole infilarsi tra ________________ fresche di bucato!
n ________________ della basilica sono affrescati con scene del Nuovo Testamento.

i lenzuoli / le lenzuola	die Bettücher (einzeln / insgesamt)
gli stridi / le strida	gellender Schrei
i bracci / le braccia	die Arme (eines Sessels u. ä. / des Körpers)
i diti / le dita	die Finger (einzeln / insgesamt)
i labbri / le labbra	die Ränder / die Lippen
i muri / le mura	die Mauern (eines Gebäudes / einer Stadt)
tuffarsi	tauchen, springen
la punta	die Spitze
carnoso	fleischig, wulstig
la fronte	die Stirn
cicatrizzarsi	vernarben
lacerato	zerrissen
stirare	bügeln
cingere	umgeben
fratturarsi	sich brechen
mignolo	*hier* klein
infilarsi	schlüpfen
affrescare	mit Fresken bemalen

112 „Besitzergreifende" Redensarten: *Amore mio!*

Im Italienischen gibt es eine Reihe von Redensarten in Kombination mit besitzanzeigenden Fürwörtern (*mio, tuo, suo* etc.). Beachten Sie, dass das besitzanzeigende Fürwort:

- hier ohne Artikel benutzt wird: *amore mio*
- vor oder nach dem Substantiv stehen kann: *figlio mio, a nostro avviso*

Kreuzen Sie die richtige Form an.

a ________ , non so che farci. Questa è la legge.
☐ Dio mio ☐ Signori miei ☐ In tuo onore

b La nonna è stata aggredita da un cane randagio e nessuno è corso ________ .
☐ in suo aiuto ☐ di sua iniziativa ☐ da parte sua

c Vai pure, ma ________ .
☐ a tuo agio ☐ a tua volta ☐ a tuo rischio e pericolo

d Il croupier disse che, ________ , non aveva mai visto una vincita così forte.
☐ in vita sua ☐ a casa sua ☐ per colpa sua

e Filippo, possibile che devi fare sempre ________ ?!
☐ di tua competenza ☐ di testa tua ☐ in tuo favore

f Quel politico è riuscito ad avere ancora una sentenza ________ .
☐ in suo favore ☐ in sua assenza ☐ per conto suo

g ________ , le leggi sul possesso e sull'uso della droga sono troppo severe.
☐ Di mia iniziativa ☐ A casa mia ☐ A mio avviso

h Del gatto si dice che, ________ , i topi ballano.
☐ in suo onore ☐ per colpa sua ☐ in sua assenza

i ________ , devi studiare di più!
☐ Figlio mio ☐ A tua volta ☐ Di testa tua

j Dottor Bovio, sono sempre ________ !
☐ a loro disposizione ☐ a Suo agio ☐ a Sua disposizione

k Mi dispiace, questa pratica non è ________ .
☐ di nostra competenza ☐ da parte nostra ☐ in nostro onore

l ________ , che diavolo avete combinato!
☐ Per colpa vostra ☐ Tesori miei ☐ Mamma mia

m ________ ho perso il treno!
☐ Per colpa tua ☐ A tua volta ☐ Da parte tua

n Patrizia, fa' come se stessi ________ .
☐ a casa mia ☐ a casa tua ☐ a casa sua

*Quando il gatto non c'è,
i topi ballano!*

non so che farci	ich kann nichts dafür
in tuo onore	dir zu Ehren
aggredire	angreifen
randagio	herrenlos
in tuo favore	zu deinen Gunsten
la sentenza	das Urteil
a mio avviso	meiner Meinung nach
in sua assenza	in seiner/ihrer Abwesenheit
a tua volta	deinerseits
la pratica	*hier* die Akte
che diavolo ...!	was zum Teufel ...!
combinare	anstellen

113 Die Übung „danach"

Hier geht es um das Wort *dopo* und seine Anwendungsmöglichkeiten:

- ***dopo*** = „danach, nachher, dann, später", z. B. *ci vediamo dopo* (wir sehen uns nachher).
- ***dopo*** + Substantiv = „nach, hinter, folgend, später", z. B. *dopo la scuola* (nach der Schule)
- ***dopo di*** + Pronomen, z. B. *dopo di te* (nach dir)
- ***dopo*** + Infinitiv / Partizip oder ***dopo che*** + konjugiertes Verb = „nachdem", z. B. *dopo aver studiato / dopo che ho studiato* (nachdem ich gelernt habe)

Verbinden Sie die linke mit der rechten Spalte zu sinnvollen Sätzen. Ergänzen Sie dabei *dopo, dopo di* oder *dopo che*.

a	Si sono incontrati per caso …	1	riposarmi un pochino.
b	In genere, ________ il lavoro vado …	2	ti va di fare un giro?
c	Subito ________ mangiato vorrei …	3	perció mi piacerebbe andare a messa con tutta la famiglia.
d	Ingegner Marini, prego …	4	ha dovuto ripetere l'esame di guida.
e	Prima vivevamo in una zona tranquillissima, …	5	quando sono uscita mi sono bagnata dalla testa ai piedi perché pioveva a dirotto!
f	Una volta ho preso una multa per eccesso di velocità, …	6	________ il bar.
g	________ ho finito di pulire la moto, …	7	un anno ________ ad un congresso.
h	________ aver passato due ore dal parrucchiere per farmi la permanente, …	8	purtroppo non hanno trovato posto.
i	________domani è domenica delle Palme e	9	________ Lei!
j	Clara e Nadia sono arrivate ________ noi e …	10	a fare la spesa e poi torno a casa.
k	Guardi, la pasticceria è lì in fondo …	11	il giorno ________ mi hanno portato via l'auto con il carro attrezzi per divieto di sosta!
l	________ gli è stata tolta la patente …	12	poi hanno cominciato a costruire un palazzo ________ l'altro e addio tranquillità!

Im Satz „i" erscheint der italienische Ausdruck für „übermorgen". Wie lautet er?

____

la multa	der Strafzettel
l'eccesso di velocità	die Geschwindigkeitsüberschreitung
la permanente	die Dauerwelle
la domenica delle Palme	der Palmsonntag
togliere (tolto)	wegnehmen
l'esame (per la patente) di guida	die Führerscheinprüfung
piovere a dirotto	in Strömen regnen
il carro attrezzi	der Abschleppwagen
il divieto di sosta	das Halteverbot
addio tranquillità	auf Wiedersehen, (liebe) Ruhe

114 Feinschliff für Ihren Ausdruck II: Neue nützliche Wendungen

Vervollständigen Sie mit den unten stehenden Ausdrücken und geben Sie in der rechten Spalte die deutsche Übersetzung des jeweils gesuchten Wortes an.

quasi · inoltre · senza dubbio · all'improvviso · di corsa · in un batter d'occhio · dappertutto · appunto · affatto · altrettanto · a memoria · in realtà · sul serio · proprio

a Alle scuole medie la nostra insegnante d'italiano ci obbligava a imparare le poesie ______________ . [ ]

b Senta, dovrei notificare il cambio di residenza e ______________ avrei bisogno di una copia del certificato di nascita. In quale ufficio devo andare? [ ]

c Ero ______________ arrivato a casa quando mi è finita la benzina e sono rimasto a piedi. [ ]

d Allora, ti è piaciuto il film con Moretti, "La stanza del figlio"? – ______________ ! Lo sai che Moretti mi fa impazzire! [ ]

e Eravamo in tantissimi al comizio in piazza, quando è scoppiato un acquazzone e ______________ la piazza si è svuotata! [ ]

f Complimenti, i tuoi quadri sono _______________ belli! [ ]

g Ieri pomeriggio, Roberto mi ha annunciato che aveva invitato due colleghi dell'ufficio a cena e allora sono dovuta andare _______________ a fare la spesa, perché il frigorifero era vuoto da far paura. [ ]

h ArrivederLa, dottoressa D'Angiolino, Le auguro una bella giornata! – Grazie, _______________ . [ ]

i Non sono riuscito a vedere la fine del film perché _______________ è andata via la corrente. [ ]

j Ragazzi, avete sparpagliato i giocattoli _______________ ! [ ]
Mettete in ordine subito!

k Lo sai che Loredana e Beniamino si sono sposati?
– _______________ ?! Ma non si erano lasciati? [ ]

l Ti va di andare al ristorante cinese?
– Mah, _______________ non ho molta fame … [ ]

m Non sono _______________ convinto che questa sia la soluzione migliore. [ ]

n Guarda, il film faceva proprio schifo! – _______________ , te lo avevo detto di non andare a vederlo! [ ]

le scuole medie, *pl*	die Mittelschule
notificare il cambio di residenza	die Änderung des Wohnsitzes melden
il certificato di nascita	die Geburtsurkunde
rimanere a piedi	zu Fuß gehen müssen
il comizio	die Kundgebung
è scoppiato un acquazzone	ein Platzregen ist ausgebrochen
svuotarsi	sich leeren
annunciare	ankündigen
da far paura	zum Erschrecken
la corrente	der Strom
sparpagliare	verstreuen
fare schifo	ekelhaft sein

115 „Sehens"würdigkeiten: *vedere* und *guardare*

Das Verb *vedere* („sehen") ist im Italienischen nicht identisch mit dem Verb *guardare* („(an)sehen"). Im Gebrauch unterscheiden sich diese zwei Verben erheblich:

- *Vedere* wird im Sinne von „sehen, anschauen, ansehen, besuchen, bemerken, versuchen" gebraucht. *Vedersi* bedeutet hingegen „sich sehen" oder „sich treffen".
- *Guardare* wird im Sinne von „(an)sehen, (an)schauen, betrachten, aufpassen" verwendet. *Guardarsi* bedeutet hauptsächlich „sich betrachten".

Außerdem werden diese Verben in einer Reihe von feststehenden Wendungen gebraucht, z. B. *guardare qualcuno dall'alto in basso* = jemanden von oben herab ansehen.

Ergänzen Sie mit *vedere* oder *guardare* in der richtigen Zeitform. Achtung! An zwei Stellen können beide Verben eingesetzt werden.

a Voglio andare a ______________ la mostra su Fontana.
b Pippo, le chiavi nel cassetto non ci sono! – Sono lì! ______________ bene!
c Allora, ci ______________ domani in piazza verso le sette!
d Siete mai andati a ______________ un incontro di boxe?
e Ho resettato il computer, (noi) ______________ adesso se funziona!
f Ho fatto una gaffe con Luciana oggi. Tutti mi ______________ storto!
g Mamma, mi sono fatto male! – Dove? Fammi ______________.
h Il terrazzo della nostra casa al mare ______________ sul golfo di Gaeta.
i Che fate stasera? – ______________ la televisione.
j Fabio e Davide non ______________ l'ora di andare in vacanza.
k Arturo è uno sciocco presuntuoso. Non lo posso ______________ !
l Venite anche voi a fare la settimana bianca? – Mah, ______________ …
m Dove state andando? – Stiamo andando a ______________ un film al cinema.
n Come sei vanitosa! Ti stai ______________ allo specchio da due ore!
o Il nonno, con questi occhiali, non ci ______________ più bene.
p Che stai facendo? – Sto ______________ un film western.
q Vincenzo, ______________ , secondo me devi ordinare i libri diversamente nello scaffale. Così non vanno bene.
r La figlia dei vicini mi ______________ i bambini una volta alla settimana.
s Dov'è Teresa? – Sta ______________ la vetrina della gioielleria.
t Quando (io) ______________ come piangeva, ho chiamato la mamma.

Was heißt auf Italienisch: „scheel ansehen", „jemanden nicht leiden können" und „es kaum erwarten können"?

la mostra	die Ausstellung
Lucio Fontana	*Maler, Bildhauer (1899 – 1968)*
resettare	rückstellen
fare una gaffe	ins Fettnäpfchen treten
storto	scheel, schief
lo sciocco presuntuoso	der anmaßende Dummkopf
vanitoso	eitel
lo specchio	der Spiegel
la vetrina	das Schaufenster
la gioielleria	das Juweliergeschäft

16 Wer nicht hören will, muss fühlen: *sentire* und *ascoltare*

Sentire und *ascoltare* sind zwei weitere Verben aus der Reihe der Sinnesempfindungen. *Sentire* hat ein breiteres Anwendungsspektrum als *ascoltare* und verdient daher erhöhte Aufmerksamkeit.

- *Sentire* bedeutet nicht nur „hören, anhören, zuhören, auf jdn. hören", sondern auch „fühlen, empfinden, spüren, riechen" sowie „kosten" und „erfahren".
- *Ascoltare* bedeutet ausschließlich „hören, anhören, zuhören, auf jdn. hören".

In der Bedeutung von „hören" wird in der Umgangssprache häufig kein Unterschied zwischen *sentire* und *ascoltare* gemacht. Dennoch gilt: *Ascoltare* wird mehr im Sinne von „aufmerksam hören" gebraucht, *sentire* dagegen mehr im Sinne von „etw. mit dem Gehör vernehmen".

*La nonna **ascolta** sempre la messa alla radio.*	Die Großmutter hört (sich) immer die Messe im Radio (an).
***Abbiamo sentito** dei rumori strani al piano di sopra.*	Wir haben komische Geräusche im oberen Stockwerk gehört.

Ergänzen Sie mit *sentire* oder *ascoltare* in der richtigen Zeitform.

a Dov'è Lucia? – È andata ad ______________ una lezione all'università.
b Hanno suonato alla porta. – Io veramente non ______________ il campanello!
c Lo zio si è fatto vecchio. Non ci ______________ più tanto bene!
d Noi non ______________ mai la radio.
e Marco, ______________ l'ultima?
f Fabrizio, ______________ il consiglio del nonno, che ha tanta esperienza!
g Puoi chiudere la finestra, per favore? ______________ freddo!
h (Io) ______________ che Raffaele ha aperto un negozio di articoli sportivi.
i Tutti gli alunni ______________ il professore che spiegava il teorema di Pitagora.
j Ieri Annarita non si ______________ bene. Aveva un forte mal di testa.
k (Io) ______________ un rumore in giardino. – Vado a vedere!
l Mi rilasso ______________ la musica.
m La domenica si ______________ suonare le campane della chiesa vicina.
n La nonna ci raccontava tante favole e noi la ______________ per ore e ore.
o Per piacere, parlate più forte che non vi ______________ .
p ______________ , scusi, Lei è di qui?
q Mm, si ______________ un profumino! Che hai cucinato di buono?
r Pippo, ______________ come è buono questo vino!

la lezione	*hier* die Vorlesung
suonare	*hier* klingeln
il campanello	die Klingel
farsi vecchio	alt werden
l'ultima	das Neueste
il consiglio	der Ratschlag
l'esperienza	die Erfahrung
gli articoli sportivi	die Sportartikel
l'alunno	der Schüler
il teorema	der Lehrsatz
la campana	die Glocke
la favola	das Märchen
il profumino	das Düftchen
di buono	Gutes

17 Vom Umgang mit der Umgangssprache

Auf dieser Seite lernen Sie eine Reihe praktischer umgangssprachlicher Wendungen kennen, die sich nicht immer wörtlich ins Deutsche übersetzen lassen – also Lernsache sind.

Finden Sie die passende Reaktion und verbinden Sie die linke mit der rechten Spalte zu sinnvollen Mini-Dialogen.

a	Avanti, non fare complimenti! Prendine ancora un po'.	1	Sì, ti chiamo, anzi ti mando un SMS.
b	Che facciamo, invitiamo anche Raimondo?	2	Caspita, sei stata velocissima!
c	Ahi, mi hai fatto male!	3	Accidenti, sei bravissimo!
d	La torta non è venuta bene, è troppo dolce!	4	Ecco, ho fatto!
e	Mi dai un colpo di telefono quando ti arriva la risposta?	5	Grazie, veramente, basta così.
f	Stasera non voglio uscire.	6	Sì, papà, lo sappiamo.
g	Giancarlo ha pagato una bolletta del telefono di 400 euro!	7	Mettile subito sotto l'acqua fredda, altrimenti si formano le bolle.
h	Dai, sbrigati!	8	Per forza, se non metti la spina!
i	Bambini, mi raccomando, non aprite a nessuno!	9	Per carità! Quello litiga con tutti. Ci rovinerebbe la serata!
j	Ho preso trenta e lode all'esame di latino.	10	Non è dolce, anzi!
k	Mamma, ho finito tutti i compiti!	11	Addirittura!?
l	Grazie mille per l'aiuto!	12	Oh, scusa, non l'ho fatto apposta!
m	Accidenti, mi sono scottata le dita!	13	E dai, io non voglio rimanere a casa!!
n	Carlo, la radio non funziona!	14	Figurati! È stato un piacere.

Tragen Sie nun für die angegebenen deutschen Wendungen die italienischen Entsprechungen ein.

______________________	los, komm' ...
______________________	ich bitte dich / ach was
______________________	verflixt, Donnerwetter
______________________	es absichtlich machen
______________________	um Gottes Willen
______________________	Donnerwetter
______________________	im Gegenteil, noch besser
______________________	na klar / natürlich
______________________	wirklich / sogar
______________________	Umstände machen
______________________	ich bitte dich / Sie / euch sehr

dare un colpo di telefono	kurz anrufen
scottarsi	sich verbrennen
il dito (*pl* le dita)	der Finger
la bolla	die Blase
la spina	der Stecker
rovinare	verderben

118 Spaß mit Sprichwörtern

Sprichwörter gibt es in jeder Sprache. Aber: *Paese che vai usanza che trovi.* Andere Länder, andere Sitten. In den seltensten Fällen lassen sich Sprichwörter direkt in die Fremdsprache übersetzen. Deshalb sind sie uns eine Übung wert.

Vervollständigen Sie die italienischen Sprichwörter mit den unten stehenden Angaben. Ordnen Sie sie dann den deutschen Entsprechungen zu.

bocca abbaia pesci tre chiodo chi tace perde vario occasione
cuore due impara litiganti

Chiodo schiaccia __________ .	Hunde, die bellen, beißen nicht.
A caval donato non si guarda in __________ .	Selbst ist der Mann.
Lontano dagli occhi, lontano dal __________ .	Gelegenheit macht Diebe.
Chi fa da sé fa per __________ .	Der Zufriedene hat immer genug.
Il lupo __________ il pelo ma non il vizio.	Die Welt ist schön, weil sie bunt ist.
Il mondo è bello perché è __________ .	Aus den Augen, aus dem Sinn.
Chi __________ acconsente.	Ein schlafender Fuchs fängt kein Huhn.
Non c'è __________ senza tre.	Die Katze lässt das Mausen nicht.
Can che __________ non morde.	Wer schweigt, gibt Recht.
L'__________ fa l'uomo ladro.	Wenn zwei sich streiten, freut sich der Dritte.
Sbagliando s'__________ .	Ein Keil treibt den anderen.
Tra i due __________ il terzo gode.	Aus Schaden wird man klug.
__________ si contenta gode.	Aller guten Dinge sind drei.
Chi dorme non piglia __________ .	Einem geschenkten Gaul schaut man nicht ins Maul.

119 Synonyme II: Sagen wir es mal so ähnlich!

Tragen Sie die zu den unten stehenden Begriffen sinnverwandten Wörter in das *cruciverba* ein.

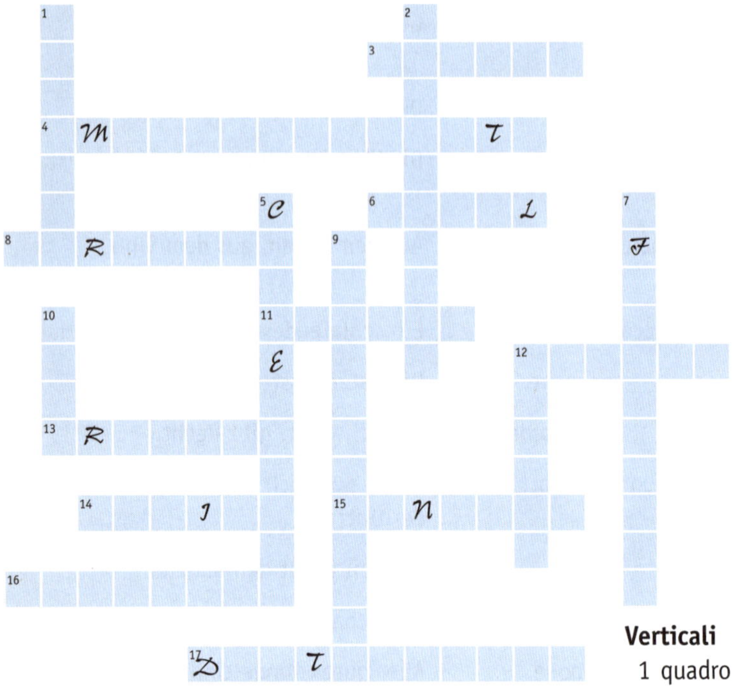

Verticali
1 quadro
2 chiamare
5 recipiente
7 sbrigarsi
9 di solito
10 salsa
12 sasso

Orizzontali
3 dottore
4 subito
6 albergo
8 giusto, esatto
11 morbido
12 muro
13 verdura
14 ragione
15 modo
16 pullover
17 sdraiarsi

morbido	weich
sdraiarsi	sich hinlegen
il recipiente	der Behälter
sbrigarsi	sich beeilen
il sasso	der Stein

20 Wortschatz im Kontext: *Una biografia*

Giuseppe Garibaldi ist eine der bekanntesten Persönlichkeiten der italienischen Geschichte. Lernen Sie sein aufregendes Leben näher kennen und üben und erweitern Sie dabei Ihren Wortschatz.

Vervollständigen Sie die folgende Biographie mit den unten stehenden Angaben.

segreta a da movimenti di natale amante si ritirò guerra per organizzò libertà ritornò marinaio morì ottenendo dove terza fu costretto popolare degli perse nel partecipò con incontro

Giuseppe Garibaldi nacque nel 1807 ____________ Nizza (allora città italiana). Aveva uno spirito avventuroso ed era molto ____________ del mare, così già da giovane si imbarcò come ____________ . Durante i suoi viaggi si avvicinò ai ____________ patriottici di quegli anni abbracciandone gli ideali di ____________ . Nel 1833 si affiliò infatti alla società ____________ di Mazzini, la Giovine Italia. Nel 1834, fallita l'insurrezione ____________ Genova fu costretto all'esilio in Sudamerica, ____________ fu impegnato in varie imprese di guerra al fianco ____________ indipendentisti. Nel 1848 tornò in Italia e ____________ alla prima guerra di indipendenza. ____________ 1849 partecipò poi alla difesa della Repubblica Romana. Caduta la repubblica, Garibaldi ____________ a lasciare la città. Durante la fuga, la moglie Anita ____________ la vita. Dopo un nuovo esilio in America, ____________ in Italia partecipando, come generale dell'esercito piemontese, alla seconda ____________ di indipendenza, durante la quale Nizza – sua città ____________ – fu ceduta alla Francia. Nel 1860 ____________ la famosa Spedizione dei Mille nel regno delle Due Sicilie ____________ liberarlo dai Borboni. La spedizione si concluse ____________ successo e il regno conquistato fu ceduto ____________ Garibaldi al re Vittorio Emanuele II nello storico ____________ di Teano. Garibaldi era diventato così un personaggio ____________ e leggendario. Nel 1866 partecipò alla ____________ guerra di indipendenza e poi ad altre imprese belliche, ____________ ancora qualche successo. Infine ____________ nell'isola di Caprera, vicino alla Sardegna, dove ____________ nel 1882.

natale	Geburts...
ritirarsi	sich zurückziehen
il marinaio	der Matrose
ottenere	erzielen
lo spirito	der Geist, die Seele
avventuroso	abenteuerlich
imbarcarsi	sich einschiffen
avvicinarsi	sich annähern
abbracciare	*hier* ergreifen
affiliarsi	beitreten
fallire	scheitern
l'insurrezione, *f*	der Aufstand
l'esilio	das Exil
l'impresa	die Unternehmung
l'indipendenza	die Unabhängigkeit
la difesa	die Verteidigung
la fuga	die Flucht
cedere	*hier* überlassen
il regno	das Reich
concludersi	enden
conquistare	erobern
leggendario	legendär
bellico	Kriegs...

.21 Die „starken" Vergrößerungsformen

Vergrößerungsformen können sich auf die Größe, Stärke und Fähigkeit einer Person oder einer Sache beziehen. Manchmal werden sie jedoch ironisch oder auch abwertend gebraucht und weisen auf Hässlichkeit oder Unfähigkeit hin. Wie die Verkleinerungsformen (siehe Übung 101), werden Vergrößerungsformen im Italienischen durch das Anhängen verschiedener Nachsilben an das jeweilige Wort gebildet. Zu ihrem Gebrauch gibt es leider keine festen Regeln.

Vervollständigen Sie mit den unten stehenden Vergrößerungsformen.

paroloni furbacchione fettona pigrone figuraccia occhioni bacioni giornataccia tempaccio caratteraccio lacrimoni parolaccia dolciastro librone

a Ieri mi è successo di tutto. È stata una ______________ !
b Pia ha fatto una ______________ a scuola, l'altro giorno. Ha fatto un commento davvero stupido sul brano che stavamo leggendo.
c Che ______________ ! Piove, c'è vento e fa freddo!
d Quando parla, Orlando usa sempre certi ______________ ! Non lo capisce nessuno.
e Aspetto con ansia tue notizie. ______________ , Flora.
f Che ha mangiato Michele? – Una ______________ di pane con il formaggio.
g Il preside della nostra scuola è antipatico a tutti perché ha un ______________ .
h Oggi a tavola ho detto una ______________ e papà mi ha punito severamente.
i Sei un ______________ ! Avanti, alzati, vestiti e usciamo!
j Oh, questo vino è ______________ , non mi piace proprio!
k Quel bambino è un ______________ . Piange a comando e ottiene tutto quello che vuole.
l L'insegnante d'italiano ci ha dato da leggere un ______________ di mille pagine.
m Che ______________ ! Dimmi, perché piangi? Che è successo?
n Fabio è bellissimo! Ha due ______________ verdi incredibili!!

Welche Nachsilben gibt es, um Vergrößerungsformen zu bilden? Kreuzen Sie die richtigen an.

☐ -one	☐ -iccia	☐ -acchione	☐ -estro
☐ -accia	☐ -ona	☐ -astro	☐ -accio

il parolone	das gewichtige Wort
il furbacchione	das Schlitzohr
la fettona	die große Schnitte
fare una figuraccia	eine schlechte Figur abgeben
il lacrimone	die große Träne
la parolaccia	das Schimpfwort
dolciastro	süßlich (*negativ*)
il brano	der Abschnitt
l'ansia	*hier* die Sehnsucht
il preside	der Schulleiter
punire	bestrafen
ottenere	bekommen

122 Adjektive in „gehobener" Stellung

Aufgepasst! Einige Adjektive können im Italienischen vor oder hinter dem Substantiv stehen und allein durch diese Satzstellung ihre Bedeutung ändern: z. B. heißt *un **caro** amico* „ein lieber Freund", *un oggetto **caro*** hingegen „ein teueres Objekt".

Hier haben sich im Bezug auf die Stellung einiger Adjektive 10 Fehler eingeschlichen. Suchen und korrigieren Sie sie. Zu Ihrer Hilfe sind die betreffenden Adjektive kursiv gesetzt.

a Dove li metto questi panni *vecchi*? – Buttali!
b Credimi, è una notizia *certa*, anzi certissima!
c Elvira è una donna *povera*, è del tutto succube del marito.
d Stefano e Giacomo sono due ragazzi *cari*!
e C'era una *sola* persona in tutto il treno.

f L'altro giorno ho incontrato un amico *vecchio*.
g La mia è una *numerosa* famiglia: ho due fratelli e tre sorelle.
h Nella mia classe c'erano bambini che provenivano da famiglie *povere*.
i L'anno scorso siamo stati a Ischia in un *caro* albergo ma molto bello.
j Era una *semplice* domanda! Perché ti arrabbi tanto?
k Non lo conosci? È un *unico* film! Lo devi vedere.
l Questa è una *semplice* ricetta, si prepara in pochi minuti.
m Lucio si incontra con colleghi *certi* dell'ufficio.
n Sono due oggetti *diversi* nello stile, non stanno bene insieme.
o Maddalena non ha figli e ha pure perso il marito: è una *sola* donna.
p Ho letto *diversi* articoli su questo argomento.
q Alla manifestazione parteciparono persone *numerose*.
r Ho un *unico* sogno: mi piacerebbe fare il giro del mondo.

Finden Sie nun die italienischen Entsprechungen folgender deutscher Adjektive.

	vor dem Substantiv	nach dem Substantiv
___	bedauernswert	arm
___	langjährig	alt
___	lieb	teuer
___	einzig	einsam
___	gewiss, einig	sicher
___	zahlreich	groß
___	einzig	einzigartig
___	nur	einfach
___	verschieden	unterschiedlich

mettere	*hier* hintun
succube	hörig
provenire	(her)kommen
stare bene insieme	zusammenpassen
l'argomento	*hier* das Thema
la manifestazione	die Veranstaltung
partecipare	teilnehmen
il giro del mondo	die Weltreise

123 *Prima o poi*, früher oder später

Das italienische Wort *prima* wird in folgenden Kontexten verwendet:

- ***prima*** = „früher, vorher, zuvor", z. B. *prima portavo i capelli lunghi* (früher hatte ich lange Haare; siehe auch Übung 85).
- ***prima di*** + Substantiv / Pronomen = „vor", z. B. *prima di cena* (vor dem Abendessen).
- ***prima di*** + Verb im Infinitiv = „bevor", z. B. *ti chiamo prima di uscire* (ich rufe dich an, bevor ich ausgehe).
- ***prima che*** + konjugiertes Verb = „bevor"; z. B. *ti chiamo prima che tu esca* (ich rufe dich an, bevor du ausgehst).

Verbinden Sie die linke mit der rechten Spalte zu sinnvollen Sätzen. Ergänzen Sie sie dabei mit *prima*, *prima di* (evtl. + Artikel) oder *prima che*.

a	Sono arrivato all'ufficio un'ora ___________ …	1	___________ lo venga a sapere da altri.
b	La mattina, ___________ andare a scuola, …	2	dopo pochi metri sulla sinistra c'è un parcheggio.
c	Si alzarono ___________ sei …	3	perché il mio orologio andava avanti!
d	Glielo voglio dire io …	4	___________ ho potuto.
e	Come?! Non torni per cena? …	5	pensaci bene!
f	Dovete girare ___________ semaforo a destra e …	6	ora invece si è impigrito e non esce mai.
g	Sono venuto …	7	abbiamo finito ___________ voi!
h	___________ prendere una decisione …	8	a novanta anni, poco ___________ morire.
i	Avvisa Lina e Giampiero …	9	___________ sia troppo tardi!
j	___________ Elpidio faceva lunghe passeggiate, …	10	crollasse a causa della scossa sismica.
k	Il 22 subimmo il furto. Due giorni ___________ avevamo ricevuto …	11	una telefonata strana alla quale, però, non avevamo dato importanza.
l	Il mio bisnonno fece testamento …	12	per arrivare al porto in orario.
m	Questa volta siamo stati più veloci, …	13	ricontrollo tutti i compiti.
n	La gente riuscì a fuggire ___________ la casa …	14	Me lo potevi dire ___________ !

il semaforo	die Ampel
avvisare	Bescheid geben
subire	erleiden
il furto	der Diebstahl
ricevere	erhalten
il bisnonno	der Urgroßvater
il testamento	das Testament
fuggire	entfliehen
andare avanti	*hier* vorgehen
impigrirsi	faul werden
crollare	einstürzen
la scossa sismica	der Erdstoß
dare importanza (a)	Bedeutung beimessen

24 Präpositionen: Die üblichen Verdächtigen

„Nel mezzo del cammin di nostra vita …" – in der Mitte unseres Lebensweges – so lauten die Anfangsworte von Dantes „Göttlicher Komödie". Fast jeder Italiener kennt diesen Satz. *„Nel mezzo di"* ist ein feststehender Ausdruck, der aus zwei Präpositionen und einem Substantiv besteht.
Um weitere gebräuchliche Wendungen dieser Art und um die üblichen *di, a, da, in* geht es in der letzten Präpositionsübung. Viel Erfolg!

Setzen Sie die unten stehenden Präpositionen ein. Die Präpositionen sind mehrfach verwendbar. Wo nötig, verschmelzen Sie die Präposition mit dem passenden bestimmten Artikel (*il, lo, la* etc.).

in cima a | in mezzo a | in base a | in seguito a | in occasione di
a proposito di | in cambio di | a causa di | di | a | da | in

a Quando ero piccolo, andavo __________________ pesca con il nonno. Bei tempi!
b Bellissimo questo vaso. – È dipinto __________________ mano.
c Ci vieni anche tu __________________ conferenza, vero? – __________________ conferenza, tu come ti vesti?

d ____________ quell'occasione Enza si comportò veramente ____________ stupida.
e Mi ha riconosciuto ____________ centinaia di persone!!
f ____________ matrimonio ____________ Pippo e Cecilia c'erano tantissime cose ____________ mangiare.
g ____________ quest'età fai ancora scherzi così infantili!
h ____________ mio compleanno ho deciso di organizzare una festicciola ____________ casa mia.
i Sono arrivati ____________ ritardo ____________ sciopero ____________ treni.
j ____________ crisi dei prestiti immobiliari i prezzi delle case, ____________ Stati Uniti, sono scesi notevolmente.
k Hai visto i miei occhiali? – Li hai ____________ mano!!
l I ragazzi sono andati ____________ stadio ____________ vedere la partita.
m Ti va una tazza ____________ tè? – Volentieri.
n Gli abbiamo regalato sei bicchieri ____________ acqua e sei bicchieri ____________ vino.
o Guardi, ____________ friggitrice Le potrei dare una pentola a pressione.
p Ieri ho comprato una tuta ____________ sci, una gonna ____________ seta, dei pantaloni ____________ velluto e un paio ____________ occhiali ____________ sole.
q Ci potreste illustrare ____________ quali criteri il cliente sceglie i vostri prodotti?
r Ubaldo è un misantropo, vive ____________ una montagna solo come un cane!

la cima	der Gipfel
in mezzo a	*hier* unter
in base a	aufgrund
in seguito a	infolge
in occasione di	anlässlich
a proposito di	was ... betrifft
in cambio di	(an)statt
la pesca	*hier* das Fischen
dipingere (dipinto)	malen
il centinaio (*pl* le centinaia)	Hunderte
infantile	kindisch
la festicciola	das kleine Fest
il prestito immobiliare	der Immobilienkredit
la friggitrice	die Friteuse
la pentola a pressione	der Schnellkochtopf
la tuta	der Overall
il velluto	der Samt
illustrare	erläutern
il misantropo	der Menschenfeind

125 Verben mit zwei Gesichtern

Mi chiamo *Paolo.* = Ich heiße Paolo. ***Chiamo*** *Paolo.* = Ich rufe Paolo (an).

Haben Sie den Unterschied bemerkt? Richtig, das Verb *chiamare* kann im Italienischen reflexiv und nicht-reflexiv gebraucht werden. Dabei ändert es allerdings seine Bedeutung: *chiamarsi* (refl.) = heißen, *chiamare* (nicht-refl.) = (an)rufen. Natürlich gibt es noch mehrere italienische Verben dieser Art. Sehen Sie selbst!

Ergänzen Sie mit den unten stehenden Verben in der richtigen Zeitform und geben Sie dann die deutsche Übersetzung des Infinitivs an.

agitarsi agitare alzarsi alzare cambiarsi cambiare perdersi ~~perdere~~ sentirsi sentire svegliarsi svegliare sbrigarsi sbrigare chiamarsi chiamare

a Quella volta che i miei cugini andarono al casinò, *persero* un mucchio di soldi. [verlieren]

b Devo ________ la lampadina perché si è fulminata. [ ]

c Se ________ meglio, farei una passeggiata. [ ]

d Se fosse maschio, (noi) lo ________ Vladimiro. [ ]

e Da dove viene questo rumore? – Io non ________ niente! [ ]

f Se avessi seguito esattamente le indicazioni del navigatore satellitare, (tu) non ________ . [ ]

g Adesso, ________ il braccio destro e abbassi il sinistro. [ ]

h Linda è una tipa nervosa, ________ per un nonnulla. [ ]

i Stamattina __________________ come sempre alle sette, ma siamo rimasti a letto a poltrire fino alle nove. [ ]

j Smettetela di litigare, altrimenti __________________ il nonno. [ ]

k Fabrizio, __________________ , sennò arriviamo tardi! [ ]

l Scusi, Lei come __________________ ? – Vittorio Di Giacomo. [ ] [ ]

m Prima, quando il professore entrava in classe, gli studenti __________________ in piedi. [ ]

n Scusami per il ritardo ma ho dovuto __________________ un affare importante. [ ]

o Ti sei bagnato tutto! Avanti, __________________ subito. [ ]

p Mi raccomando, Maria, __________________ bene lo sciroppo prima di darlo al bambino. [ ]

il mucchio	der Haufen
la lampadina	die Glühbirne
fulminarsi	durchbrennen
il navigatore satellitare	das Navigationssystem
abbassare	senken
il nonnulla	die Kleinigkeit
poltrire	faulenzen
bagnarsi	nass werden
mi raccomando	*hier* denk daran
lo sciroppo	der Sirup

126 Die Körpersprache: Mit Händen und Füßen!

Die Italiener sind bekannt für ihren Gestenreichtum. Wer sie schon einmal beobachtet hat, der weiß, eine Unterhaltung wird mit Händen und Füßen geführt. Ganze Sätze werden dabei oft durch eine einzige Bewegung ausgedrückt. Die Körpersprache muss daher wie die Sprache selbst gelernt werden.

Ordnen Sie die Beschreibung der Körperbewegungen ihren Bedeutungen zu. Schreiben Sie dazu die Buchstaben der Beschreibungen in die entsprechenden Kästchen neben den Bedeutungen.

a unire le dita verso l'alto e far oscillare il polso in direzione della spalla
b tenere la mano sinistra di traverso muovendola dal basso verso l'alto e colpirla con la mano destra
c aprire e chiudere le dita della mano verso l'alto
d stringere le spalle sollevandole verso l'alto
e portare le dita della mano unite sotto il mento e poi muoverle in avanti
f sfregare le punte dell'indice e del medio contro il pollice
g mettere la mano di taglio in mezzo ai denti
h portare l'indice teso davanti alle labbra
i incrociare il medio e l'indice
j unire i due indici tesi
k far toccare le punte dei due indici tesi
l fare le forbici con le dita
m martellare l'indice sulla tempia
n portare l'indice teso al centro della guancia e girarlo

- ☐ Quei due non vanno d'accordo!
- ☐ Quei due se la intendono!
- ☐ Boh! / Non lo so!
- ☐ Che rabbia!
- ☐ Buona fortuna!
- ☐ Dacci un taglio!
- ☐ Sei / È pazzo!
- ☐ Riassumi!
- ☐ Quanto costa?
- ☐ Non mi importa!
- ☐ Silenzio!
- ☐ Buono!
- ☐ Ma che dici? / Ma che vuoi?
- ☐ Vattene!

oscillare	schwingen
di traverso	quer
il mento	das Kinn
sfregare	reiben
l'indice, *m*	der Zeigefinger
il medio	der Mittelfinger
il pollice	der Daumen
di taglio	hochkant
teso	*hier* gestreckt
la tempia	die Schläfe
intendersela	unter einer Decke stecken
la rabbia	die Wut
Dacci un taglio!	Hör auf (zu sprechen)!

27 Vom Umgang mit der Umgangssprache II

Hier üben Sie weitere umgangssprachliche Wendungen. Achten Sie wieder darauf, dass diese im Deutschen häufig anders formuliert werden (siehe auch Übung 117).

Kreuzen Sie den passenden Ausdruck an.

a Donato, ma ___________ ?! Non so quanti SMS ti ho mandato!
- ☐ senti chi parla
- ☐ che fine hai fatto

b Hai fatto pace con zia Titina? – ___________ !! Quella è una vipera!
- ☐ Neanche per sogno
- ☐ Magari

c Dovresti vestirti un po' meglio! – ___________ ! Mi sembri una stracciona!
- ☐ Senti chi parla
- ☐ Macché

d Come ti senti oggi? – ___________ ... un po' meglio!
- ☐ Insomma
- ☐ Ci mancherebbe altro

e Mamma? – ___________ ?
- ☐ Meno male
- ☐ Che c'è

f Il piccolo Daniele sentì che nella stanza accanto stavano litigando e pensò: "__________ me ne sto qui, zitto zitto!"
- ☐ Insomma
- ☐ Quasi quasi

g Ah, lo sai, questa volta Antonio l'ha superato l'esame. – __________ !
- ☐ Macché
- ☐ Meno male

h __________ , vieni a mangiare, o no?
- ☐ Magari
- ☐ Insomma

i Perché i soldi a tuo fratello non glieli presti tu? – __________ ! Così non li vedo più!
- ☐ Ci mancherebbe altro
- ☐ Senti chi parla

j Ci siamo talmente innervositi che __________ arrivassimo alle mani!
- ☐ c'è mancato poco che
- ☐ quasi quasi

k Allora, ti sono arrivate le schede elettorali? – __________ ! E ho pure chiamato in consolato!
- ☐ Macché
- ☐ Insomma

l Con la promozione hai avuto anche uno scatto di stipendio? – Eh, __________ !
- ☐ meno male
- ☐ magari

Tragen Sie nun für die angegebenen deutschen Wendungen die italienischen Entsprechungen ein.

__________ Schön wär's!
__________ Nicht im Traum!
__________ Gott sei Dank!
__________ Es fehlte nicht viel …
__________ Hört, hört!
__________ Das wäre ja noch schöner!
__________ Was ist?
__________ Ach was!
__________ am liebsten, am besten
__________ Also, bitte!, So lala!
__________ Was ist aus dir geworden?

fare pace	Frieden schließen
la vipera	*hier* die Schlange
lo straccione	der Landstreicher
arrivare alle mani	handgreiflich werden
la scheda elettorale	der Wahlzettel
lo scatto di stipendio	*hier* die Gehaltserhöhung

28 Noch mehr Spaß mit Sprichwörtern

Erinnern Sie sich an Übung 118? Auch jetzt gilt es wieder die italienischen Entsprechungen einiger bekannter Sprichwörter zu entdecken.

Suchen Sie die passende Fortsetzung zu den unten angefangenen Sprichwörtern.

a Tra il dire e il fare …
b Gallina vecchia …
c Chi trova un amico …
d Fidarsi è bene, …
e Tentar …
f Le bugie hanno …
g Molto fumo e ….
h Tra moglie e marito …
i Tanto va la gatta al lardo …
j Tutto il mondo …
k L'abito non …
l Chi lascia la via vecchia per la nuova …
m Ambasciator …
n Fatta la legge …

che ci lascia lo zampino.

poco arrosto.

fa il monaco.

sa quel che lascia ma non sa quel che trova.

fa buon brodo.

non porta pena.

trovato l'inganno.

trova un tesoro.

non mettere il dito.

non nuoce.

c'è di mezzo il mare.

è paese.

non fidarsi è meglio.

le gambe corte.

Schreiben Sie nun die Buchstaben der italienischen Sprichwörter neben deren deutsche Entsprechungen.

☐ g 1 Viel Rauch um nichts.
☐ 2 Zwischen Sagen und Tun liegen Welten.
☐ 3 Der Krug geht solange zum Brunnen, bis er bricht.
☐ 4 Jedes Gesetz hat sein Hintertürchen.
☐ 5 Auch das Alter hat seine Reize.
☐ 6 Lügen haben kurze Beine.
☐ 7 Wenn Mann und Frau streiten, dann hält man sich raus.
☐ 8 Ein guter Freund ist mehr wert als alles Gold der Welt.
☐ 9 Überall wird nur mit Wasser gekocht.
☐ 10 Versuchen kostet nichts.
☐ 11 Eine Kutte macht noch keinen Mönch.
☐ 12 Vertrauen ist gut, Kontrolle ist besser.
☐ 13 Wer einen alten Weg verlässt, weiß zwar was er hatte, aber nicht was er vorfindet.
☐ 14 Den Boten trifft keine Schuld.

129 Redewendungen für jeden Geschmack!

Wie in Übung 99 haben Sie jetzt erneut die Möglichkeit Ihr Italienisch durch pfiffige Redewendungen alltagstauglich zu machen. Beeindrucken Sie also Ihre Freunde!

Geben Sie die fehlenden Wörter der unten stehenden Redewendungen in das *cruciverba* ein.

Orizzontali

1 Mm, che si mangia? Ho una ____ da lupi!
3 Quella non la sopporto, mi sta sullo ____ !
7 Ercole ____ come una spugna.
9 Mettiti nei miei ____ . Che cosa avrei potuto fare?
10 Quella disgrazia li colpì come un ____ a ciel sereno.
11 Questo profumo mi fa venire l'acquolina in ____ .
12 Stai piantato davanti alla televisione tutto il santo ____ !

Verticali

2 All'esame ho avuto un vuoto di ____ , non mi ricordavo più niente.
4 Dimmi, che è successo? Sono tutt'____ .
5 A quaranta anni Marina sta ancora aspettando il principe ____ .
6 Mamma mia, sei ____ come un'acciuga!
8 Quella ragazza gli ha fatto perdere la ____ .

Tragen Sie nun die italienischen Redewendungen neben die deutschen Entsprechungen ein.

____________	hungrig wie ein Wolf sein
____________	den lieben langen Tag lang
____________	der Märchenprinz
____________	jdm. den Mund wässrig machen
____________	ein Blitz aus heiterem Himmel
____________	Gedächtnislücke
____________	nicht riechen können
____________	saufen wie ein Loch
____________	ganz Ohr sein
____________	sich in die Lage von jdm. versetzen
____________	jdm. den Kopf verdrehen
____________	ein Strich in der Landschaft sein

130 Wortschatz im Kontext: *Un reclamo*

Auf dieser Seite werden Sie mit einer Situation konfrontiert, in die Sie jederzeit geraten können: eine Beschwerde.

Vervollständigen Sie mit den unten stehenden Angaben.

piattini | nonché | pagamento | sembrasse | danneggiati | spett.le | ordine | mancavano | è avvenuta | merce | esattamente | imballata | pertanto | che

__________ Ditta,

il 10 marzo ho effettuato il seguente __________ (n. 127):

Quantità	Articolo	Modello	Prezzo
12	bicchieri da vino rosso	XS27A	9,95 € (cadauno)
12	bicchieri da vino bianco	XY25A	11,50 € (cadauno)
6	tazzine da caffè + __________	PD56F	35,00 €

La consegna degli articoli sopraelencati __________ , come previsto, entro tre settimane dall'ordine, __________ il 28 marzo. Sono spiacente di informarVi, però, che la fornitura è insoddisfacente. Infatti, sebbene il pacco alla consegna __________ intatto, all'apertura ho dovuto constatare con mio grande stupore che

- __________ le tazzine da caffè con i piattini;
- la scatola dei bicchieri da vino rosso era stata __________ male e perciò quattro bicchieri erano __________ .

Per tale ragione non ho ancora effettuato il __________ come pattuito. Vi prego __________ di provvedere alla sostituzione dei bicchieri danneggiati __________ di inviarmi il terzo articolo non pervenuto. Vi faccio presente __________ , trattandosi di un regalo, ho urgente necessità di ricevere la __________ entro il 15 aprile.

Pesaro, 29 marzo 2008

Distinti saluti

Giovanni Rossi

nonché	sowie
danneggiare	beschädigen
spett.le (spettabile)	an (*Anrede für Firmen*)
la merce	die Ware
imballare	verpacken
pertanto	daher
effettuare	aufgeben, vornehmen
cadauno	pro Stück
la consegna	die Lieferung
sopraelencato	oben angeführt
la fornitura	die Lieferung
insoddisfacente	unbefriedigend
lo stupore	das Erstaunen
pattuire	vereinbaren
provvedere	veranlassen
la sostituzione	der Ersatz
pervenire	ankommen
fare presente	hinweisen

Merke: Die in Klammern gesetzten Alternativen sind möglich, jedoch *in der Regel* nicht sehr gebräuchlich.

Übung 1

la torre – der Turm, la chiave – der Schlüssel, il ponte – die Brücke, la tosse – der Husten, il fiore – die Blume, la pelle – die Haut, il latte – die Milch, la stagione – die Jahreszeit, la cornice – der Rahmen, il pesce – der Fisch, la luce – das Licht, la fame – der Hunger, la neve – der Schnee, la televisione – das Fernsehen, il fiume – der Fluss, il giornale – die Zeitung, la polvere – der Staub, il sapone – die Seife, il piede – der Fuß, la pace – der Frieden, il limone – die Zitrone, la carne – das Fleisch, il colore – die Farbe

Folgende Substantive weisen dasselbe Geschlecht auf: la pelle – die Haut, la stagione – die Jahreszeit, il pesce – der Fisch, il fiume – der Fluss, il piede – der Fuß

Übung 2

b grande / groß
c antico / Alt-
d maiuscola / Groß-; minuscola / Klein-
e giovani / jung
f piccolo / klein
g bassa / klein
h giovanile / jung
i piccola / klein (kurz)
j spiccioli / Klein-
k anziane / alt
l vecchio / alt

groß: alto, grande, maiuscolo
klein: minuscolo, piccolo, basso, spicciolo
alt: antico, anziano, vecchio
jung: giovane, giovanile

Übung 3

a prego
b Prego, per piacere
c per piacere
d Prego
e Prego
f Per piacere
g per piacere
h Prego
i per piacere
j Prego
k per piacere
l per piacere, Prego
m prego
n per piacere

Übung 4

a-4; b-8; c-10; d-6; e-1; f-3; g-11; h-7; i-12; j-2; k-9; l-5

Übung 5

a a, in
b nel
c in
d in
e in
f in
g In, al
h in
i a
j a, alla
k A, alle, in
l a
m al
n A, a
o a
p a
q a
r a, negli

Übung 6

1 esserci
2 esserci
3 essere

a ci sono
b c'è
c è
d c'è
e sono
f sono
g c'è
h è
i Ci sono
j C'è
k c'è
l sono

Übung 7

a suona
b giocare, giochiamo
c ha suonato
d gioca
e ha suonato
f ha recitato
g suonare
h suonare
i giocare
j ha recitato
k gioca
l Giocano

Übung 8

a Questa volta andiamo / viaggiamo in treno.
b Quando vanno a scuola i bambini?
c Sono stato/a a Parigi. – Sei andato/a in aereo? / Hai preso l'aereo?
d Oggi vado a piedi.
e Marco va a Roma per lavoro ogni settimana.
f Vogliamo andare a piedi o con l'autobus / in autobus?
g L'aereo vola a bassa quota.
h Sono andati/e a Firenze in treno.
i Ho imparato a guidare nel 1999.
j Vado in bicicletta ogni giorno / tutti i giorni.
k Le api volano di fiore in fiore.
l Elena e Walter sono andati in Sicilia in nave / con la nave.
m Non sono mai andato/a in tram.

Übung 9

a-10-Amo; b-8-piace; c-9-piacciono; d-5-Preferisco; e-1-odia; f-11-Amiamo; g-4-Detesto; h-2-piace; i-12-piacciono; j-6-Odio; k-3-Detesta; l-7-piace

Übung 10

									[1]N											
									U											
					[2]C	[3]A	L	D	O											
						N			V											
						T			A								[4]N		[5]B	
						I											O		A	
						P		[6]G							[7]C	H	I	U	S	O
					[8]F	A	C	I	L	E					H		O		S	
						T		O			[9]P	I	[10]G	R	I		S		I	
[11]V						I		V			I		R		A		I			
E						C		A			C		A		R					
[12]L	E	G	G	E	R	O		N			C		S		I					
O							[13]B	E	L	L	O		S							
C											L		E							
E						[14]S	P	O	R	C	A									

Übung 11

b posto / Ort
c porta / Tür
d fogli / Blätter
e porto / Hafen
f banca / Bank
g coperto / Gedeck
h cassetto / Schublade
i banco / Theke
j cassetta / kleine Kiste
k foglie / Blätter
l coperta / Decke
m caso / Zufall
n posta / Post

Übung 12

pesanti, leggeri, pesanti, leggeri, difficile, facile, pesanti, leggero

Übung 13

a Lo spettacolo è stato molto bello.
b La videoteca all'angolo è ben fornita.
c La bicicletta è rotta. La devo riparare.
d Conosci Maria? – Sì, la conosco.

e Non lo so.
f Patrizia è malata. La dobbiamo chiamare.
g Amo il pesce. Lo mangio una volta alla settimana.
h Come era / è stata la festa?
i La porta è aperta. La chiudi per piacere?
j Dov'è papà? Lo aspetto da due ore.
k Ha già spedito la lettera? – La spedisco subito!
l Mm, il gelato al caffè! Lo voglio provare!
m Avete già visto questo film? – No, non lo abbiamo ancora visto.
n Ti piace la carne? – Sì, ma la mangio raramente.

Übung 14

b-vera-9; c-10-particolarmente; d-gentilmente-3; e-5-lentamente; f-1-speciale; g-12-specialmente; h-perfettamente-11; i-7-perfetto; j-4-gentili; k-veramente-6; l-8-tranquillo

Übung 15

a Il ragazzo di Olga si chiama Franco.
b La giacca è in camera da letto.
c Non c'è niente di bello da fare.
d Rita ha comprato un pullover di cotone.
e D'inverno vado a sciare.
f Noi veniamo da Madrid.
g Devo andare dal parrucchiere.
h Loro sono di Piacenza.
i Di sera usciamo con gli amici.
j Vorrei un bicchiere di vino bianco.
k Aspetto l'autobus da un'ora.
l Da lunedì comincio la dieta.
m Stasera dormo dal mio amico.

di: von (Besitz), Genitiv, aus (Material), am / im (Zeit), aus (Herkunft), Menge
da: Zweck, aus (Herkunft), zu (jdm. gehen, etc.), seit, ab, bei (jdm.)

Übung 16

a da
b del
c dalla
d Da
e Di
f dall'
g dalle
h da
i di / d'
j da
k Di
l di
m da
n di
o da
p di

Übung 17

a cammina
b correre
c ho girato
d tornate
e sono saltata
f girare
g attraversavo
h torniamo
i girare
j proseguire
k camminare
l Abbiamo girato

Übung 18

a abbiamo fatto visita a
b visitare
c Frequento
d venite a trovare
e è andato a trovare
f frequenta
g sono andati
h frequento
i abbiamo visitato
j assistere
k visitare
l va a trovare

Übung 19

b Io non so lavorare a maglia, e tu?
c Sai giocare a dama?
d Oggi non posso giocare a tennis perché non ho tempo. / Non posso giocare a tennis oggi perché non ho tempo.
e Lara sa cucinare molto bene.
f Devo studiare e perciò non ti posso aiutare.
g Wanda non sa cucire e nemmeno ricamare. / Wanda non sa ricamare e nemmeno cucire.

h Nei luoghi pubblici non si può fumare. / Non si può fumare nei luoghi pubblici.
i Scusi, può chiudere la porta, per piacere?
j Non potete passare perché c'è stato un incidente.
k Mamma, posso uscire con Giovanni stasera?
l Marco, sai suonare la chitarra?

Übung 20

		[1]S												[2]D
		I					[3]B							I
[4]P	O	C	O		[5]Q		E		[6]S	E	M	[7]P	R	E
		U			U		N		O			R		T
		[8]R	A	R	A	M	E	N	T	E		E		R
		A							T			S		O
		M		[9]P	E	G	G	I	O			T		
		E								[10]F	U	O	R	I
[11]L	O	N	T	A	N	O								
		T												
		E												

Übung 21

una lattina di: aranciata
una confezione di: liquori, ricotta, panna, burro
un pacco di: pasta, fogli, riso, biscotti
una scatola di: caramelle, fiammiferi, cioccolatini, pastelli, biscotti, tonno
un barattolo di: vernice, sottaceti, piselli, salsa di pomodoro, miele, pepe, tonno, maionese
una bottiglia di: aranciata, olio, vino, rum, birra
un pacchetto di: caramelle, pepe, sigarette

Übung 22

1 Bei Hauptwörtern im Plural verwendet man *alcuni* und *alcune* / *di* + Artikel.
2 Bei Hauptwörtern im Singular verwendet man *qualche*.
3 Bei Sammelnamen im Singular verwendet man *di* + Artikel.

a dello
b della, della
c Alcune
d Qualche
e del
f Qualche
g Alcuni
h dell'
i alcune
j qualche

Übung 23

a Gli amici di Francesco sono molto simpatici.
b Per favore mi puoi dare le chiavi?
c Gli devi dire la verità.
d Hai comprato le cozze?
e Hai chiamato Paola e Gigi? – No, gli ho scritto un'e-mail.
f Nora porta sempre gli stivali.
g Ti piacciono le macchine sportive?
h Le volevo chiedere un piacere.
i Hai visto Vincenzo? – No, ma gli ho mandato un SMS.
j Bernardo non le crede.
k Quando gli ha telefonato?
l Le ho restituito i 100 euro.
m Le pentole stanno nella credenza.
n Mi piacciono gli zucchini.

Übung 24

a-5-bene; b-bene-7; c-2-buon; d-buon-10; e-bene-1; f-9-bene; g-buona / buon'-4; h-bene-3; i-6-buoni; j-buono-8

Übung 25

a per, per
b per
c per
d tra / fra
e tra / fra
f per
g per
h per
i tra / fra
j per
k Tra / Fra
l per, per
m Per
n tra / fra

per: für, nach, lang, am, gegen, um … zu, durch / per, aus, an / zu
tra / fra: in, unter, zwischen, von

Übung 26

siamo, È, siamo, abbiamo, siamo, è, abbiamo, è, siamo, ho, è/ha, è, è, ho, abbiamo, è, ho, è

Übung 27

a cucinare
b cuciniamo
c cucini
d bolle
e cuocere
f cotta
g cuoce
h cucinando
i cuocerle
j cucinato
k cotta
l cuocere

Übung 28

a prendere
b porti
c porta
d portare
e ha preso
f portava
g portare
h porto
i abbiamo portato
j portare
k Hai preso
l Porto

Satz e: prendere = treffen
Satz k: prendere = ausmachen
Satz l: portare = führen

Übung 29

a Parto
b te ne andare
c partite
d È uscito
e se ne va
f parte
g andare via
h me ne sono andato
i uscire
j va via
k usciva
l esco

Übung 30

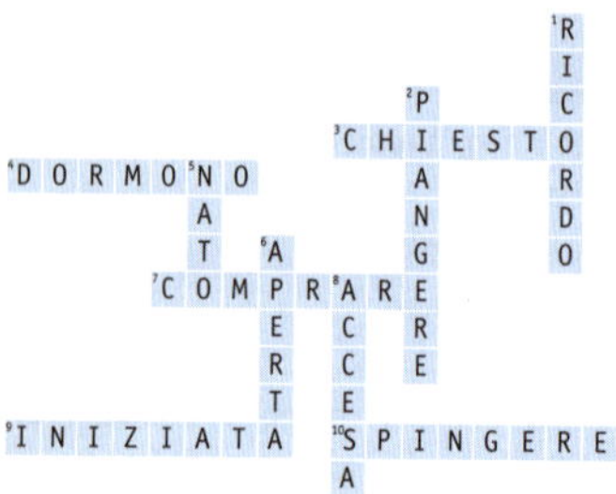

Übung 31

la frutta – das Obst, la fame – der Hunger, gli occhiali – die Brille, le forbici – die Schere, la sete – der Durst, le ferie – die Ferien, il riso – der Reis, la gente – die Leute, le nozze – die Hochzeit, i dintorni – die Umgebung, il pepe – der Pfeffer, la roba – das Zeug, i soldi – das Geld, i capelli – die Haare, la pasta – die Nudeln, l'uva – die Trauben, i pantaloni – die Hose

Übung 32

a Mio padre ha lavorato sodo tutta la (sua) vita.
b Ti richiamo in tutti i casi.
c Abbiamo mangiato tutto.
d Mario era / è stato in giro tutto il giorno.
e Tutti mi hanno fatto gli auguri per il (mio) compleanno.
f Quanto costa questo? – 1.500 euro, tutto compreso.
g Ci alziamo tutti i giorni alle sette.
h Hai bevuto il latte? – Sì, tutto.
i Ho letto tutto il libro in due giorni.
j Tutti e tre i figli / bambini di Silvana hanno i capelli neri.
k Sono venuti alla festa Rocco ed Ettore? – Sì, tutti e due.
l Allora andiamo tutti insieme!
m Questo è tutto. Non ho più niente da dire.
n Marta e io ci incontriamo tutti gli anni.
o Purtroppo devo stirare tutte queste camicie.
p Tutti i miei amici vanno in vacanza, solo io no!
q (È) tutto il contrario.
r Quando guardate la televisione? – Tutte le sere quando mangiamo.

Übung 33

a ogni
b ogni
c tutti
d tutte le
e ogni
f tutti i
g Ognuno
h Ogni
i Tutti
j Ogni
k tutto il
l Ognuno
m Tutti
n Ognuno

Übung 34

a-molto-7-molto; b-molti-1; c-5-molti; d-molta-2; e-molto-6-molte; f-8-molto; g-molto-3; h-molta-10; i-4-molto; j-molto-9-molti-molte

Übung 35

a Con
b sul
c con i / coi
d con i / coi
e sul
f sul
g con
h con il /col
i con la / (colla)
j con
k su
l sulle
m sulla
n sull'
o con lo / (collo)
p sul
q sui
r con il / col
s sul
t Sulla

Übung 36

b ti sei arrabbiato con
c È innamorato di
d ti lamenti di
e hai finito di
f chiedere a
g Vi siete scusati con
h Parliamo di
i ringraziare del
j spero di
k hanno telefonato a
l soffre di

Übung 37

a-5-andare; b-9; c-7-dovrebbe; d-12-sa; e-11-farci; f-10-è permesso; g-3-preferisce; h-8; i-4; j-14-Non; k-15-vanno; l-6-è possibile; m-16-andare; n-1; o-13-Devo; p-2-stavamo

Übung 38

a occorre
b mette
c serve
d serve
e occorre
f occorrono
g ha messo
h avete bisogno
i vuole
j vogliono
k vuole
l servono
m avete bisogno
n hanno messo
o vogliono
p Avevo bisogno

Übung 39

a noleggiare
b noleggiava
c Affittiamo
d Hanno affittato
e hanno noleggiato
f abbiamo affittato
g ha noleggiato
h Hanno noleggiato
i affittare
j noleggiare

Übung 40

b Da nove anni.
c Preferisco stare in piedi.
d No, grazie. Abbiamo appena preso un caffè.
e Perché la mia ragazza è di Verona.
f Diciannove.
g Mi dispiace, non sono di qui.
h Allora, per primo prenderei un risotto alla milanese …
i Certo, signora. Lo annoto immediatamente.
j Un attimo, Glielo passo.
k Oh, mi dispiace, sono finite.
l Devo ancora fare la versione.

Übung 41

- a Sono
- b copia
- c sonno
- d rose rosse
- e sete
- f coro
- g sanno
- h tuta
- i tutta
- j sette
- k capelli
- l corro
- m sano
- n coppia
- o casa, cassa
- p cappelli

Übung 42

- a Sua sorella lavora come commessa in un grande magazzino.
- b Roberto non sta bene oggi. / Oggi Roberto non sta bene. / Roberto, oggi, non sta bene. Gli fa male la pancia.
- c Vogliamo andare a casa mia?
- d Mio padre si è trasferito a Roma con i suoi genitori(,) quando aveva 13 anni.
- e Hai le gambe molto lunghe. / (Le tue gambe sono molto lunghe.)
- f A causa vostra ho perso diecimila euro.
- g Mi fa (tanto) male la testa! Per caso hai un'aspirina? / Hai per caso un'aspirina? / Hai un'aspirina per caso?
- h Hanno cambiato idea.
- i Togliti la giacca e appendila là / lì.
- j Cinzia è fortunata. I suoceri l'aiutano / la aiutano molto.
- k Mi hai (proprio) letto nel pensiero!
- l Stasera, in tuo onore, ho aperto la bottiglia di vino più pregiata.
- m Vi dovete mettere il cappotto.
- n Sono / Sto da un mio amico.

Übung 43

- a A me
- b Mi, A me
- c da lui
- d con noi
- e Ci / A noi
- f La
- g mi
- h vi
- i Gli
- j Lo
- k Le
- l di loro
- m con lui
- n noi

Übung 44

- b migliore / (più buono)
- c meglio
- d meglio
- e migliore / più buona
- f migliore
- g meglio
- h il migliore
- i meglio
- j meglio
- k migliori / più buone
- l meglio

Übung 45

- a Di, di
- b al
- c a, in / a
- d A, a, in
- e nel, della
- f Da, da
- g Tra / Fra, a, in
- h in, in / con la / (colla)
- i per
- j a, a
- k A, Alle
- l Dalla
- m Con
- n dall', a
- o in, a
- p Da
- q di
- r da
- s con le / (colle), alla
- t di
- u Tra le / Fra le
- v sulla
- w a
- x sul

Übung 46

- a sono / stanno
- b sono
- c sta
- d sono / sto, sono
- e è
- f sono / stanno
- g sta
- h Stiamo
- i sono
- j è / sta
- k è
- l stanno
- m stanno
- n sono, Sono

Übung 47

- a è venuta a prendere
- b hai ritirato / sei andata a prendere
- c va a prendere
- d venire a prendere
- e andare a prendere
- f andavo a prendere
- g ritirare / andare a prendere
- h veniamo a prendere
- i andando a prendere
- j Vado a prendere
- k è venuto a prendere
- l Sono andati a prendere

Übung 48

a-4; b-6; c-1; d-7; e-3; f-5; g-8; h-2

kalt stellen = mettere in fresco; beiseite legen = mettere da parte; eine Frage stellen = porre una domanda; sich etw. in den Kopf setzen = mettersi in testa qualcosa; sich zur Verfügung stellen = mettersi a disposizione; leiser stellen = abbassare; das Haar legen = fare la messa in piega; höher stellen = aumentare

Übung 49

a La banca ci ha prestato 20.000 euro.
b Mi sono fatto prestare il computer da papà.
c Da chi ti sei fatto prestare il trapano?
d Non ci faremmo mai prestare la Ferrari da Silvio!
e Il mio amico Vito mi presta sempre il suo fucile da caccia.
f Ti hanno potuto prestare / Hanno potuto prestarti il loro appartamento per una settimana.
g Vi prestava sempre la sua macchina fotografica.
h Ogni lunedì Flora si fa prestare il motorino da Manlio.
i Che cosa vi siete fatti prestare da Iolanda?
j Prima non ti prestavo mai niente.

Übung 50

suora = Nonne; nonne = Großmütter; coriandoli = Konfetti; confetti = Zuckerkonfekt; direttore d'orchestra = Dirigent; dirigente = Betriebsleiter; brevetti = Patente; patente = Führerschein; scialle = Schultertuch; sciarpa = Schal; affare = Geschäft; ditta = Firma; giacca = Sakko; sacco = Sack, Haufen; vita = Taille; taglia = Kleidergröße; voto = (Schul-)Note; nota = Anmerkung, Note; borsa = (Hand-)Tasche; tasca = (Kleidungs-)-Tasche; lametta = (Rasier-)Klinge; offrire = spendieren; spendere = ausgeben; firma = Unterschrift

Übung 51

				1 S	T	R	E	S	S							
				P						2 J					3 G	
			4 B	O	U	T	I	Q	U	E					I	
				R						A			5 P		L	
		6 K	I	T	S	C	7 H		8 I	N	T	E	R	N	E	T
		E					O			S			O		T	
9 F		T		10 B			B						V			
I		11 C	H	I	C		B					12 V	I	P		
L		H		D			Y						D			
13 M	O	U	S	E									E			
		P		T									R			

Übung 52

mangiare → mangiabile; raggiungere → raggiungibile; credere → credibile; vivere → vivibile; ripetere → ripetibile; sopportare → sopportabile; leggere → leggibile; fare → fattibile; recuperare → recuperabile; bere → bevibile

a bevibile
b fattibile
c vivibile
d credibili
e sopportabile
f leggibile
g Mangiabile
h raggiungibili
i ripetibili
j recuperabile

Übung 53

b si veste
c si beveva
d Sì, certo
e si fuma
f si devono
g note, si
h Si vede
i si sposano
j si mangiavano
k Sì, adoro

si: man, sich, H
sì: ja

In den Sätzen c, e, i, j weißt *si* keine deutsche Entsprechung auf. Die italienischen Verben sind reflexiv gebraucht (*si* / sich + Verb), die deutschen nicht.

Übung 54

a no
b non
c non
d no
e —
f non
g No, non
h Non
i Non, non
j No, non
k no
l —
m Non
n —
o Non
p non

Übung 55

a male
b Male
c cattiva
d brutto
e male
f male
g cattivo
h male
i Brutte
j cattivo
k male
l cattivi
m Brutto
n brutti

Übung 56

b finalmente
c alla fine
f alla fine
g finalmente
i Alla fine
k alla fine
n finalmente
o alla fine

Übung 57

a conosco
b conosco
c ho conosciuto
d conoscevo
e ci siamo conosciuti / conosciute
f ho conosciuto
g conoscevi
h conosce
i vi siete conosciuti
j conosciamo
k conoscevamo

Übung 58

a Lo sapevi che Mario ha ricevuto un'ottima offerta di lavoro a Bruxelles?
b Non (lo) so se voglio frequentare l'università. In realtà vorrei / mi piacerebbe lavorare.
c Maledizione, lo sapevo! Proprio oggi il treno è in ritardo / porta ritardo.
d Quando c'è la prossima partita? Come posso fare a saperlo?
e Se tutto va bene, lo so alla fine del mese.
f Abbiamo appena saputo, che Flavio ha avuto un grave incidente d'auto.
g Attilio e Silvana si sono comprati un casale. – Veramente? Non lo sapevo.
h Volevo sapere se i miei documenti sono pronti.
i Quando lo avete saputo? – Proprio adesso. L'abbiamo letto nel / sul giornale.
j Lo sapevate che il proprietario del negozio di elettrodomestici è fallito?
k (Noi) non sappiamo mai niente. Nessuno ci dice quello che succede / accade.
l Bianca ha partorito. – Sì, lo sapevo già / già lo sapevo.
m Devo assolutamente sapere dove abita Amedeo. / Devo sapere assolutamente dove abita Amedeo. Gli devo restituire un libro.
n Da chi lo hai saputo? – Da Orlando.

Übung 59

a-14-fa; b-11; c-12-fa; d-6-Si è fatto; e-1-fare; f-3-fare; g-13-fare; h-18-Facciamo; i-17-Fa'; j-9-fare; k-4; l-10-fa; m-8; n-5-fare; o-16-Ho fatto; p-15-ti sei fatto; q-2-fare; r-7-fare

Übung 60

b Sei incinta? Auguri!
c Oh, grazie! Ma come lo sai?
d Mi dispiace. La prossima volta andrà meglio.
e Bravo! Congratulazioni!
f Davvero? Devo chiamarlo per fargli i complimenti.

g Ok, va bene. Prendo altre due polpette, che sono buonissime.
h Peccato, sarà per un'altra volta!
i Prego, si accomodi!
j Cin, cin!
k Beati voi! Divertitevi, anche per me!
l Non ti preoccupare, non fa niente.

Übung 61

a	ancọra	h	pero
b	pure	i	capitạno
c	sụbito	j	ạncora
d	vọlano	k	volạno
e	però	l	subịto
f	purè	m	cạpitano
g	princịpi	n	prịncipi

Übung 62

a Questa è la mia borsa. Me la dai, per piacere?
b Non abbiamo capito il problema. Ce lo può spiegare di nuovo?
c Lo devo aiutare. Gliel'ho promesso.
d Mm, il pane fresco! Me ne fai / (faresti) provare un pezzo, per piacere?
e Questo è un hotel magnifico. Glielo consiglio. / (Glielo posso consigliare).
f La storia era fantastica! – Ve la racconto un'altra volta domani. / Domani ve la racconto un'altra volta.
g Il tuo bicchiere è / sta lì / là. Te lo devo prendere?
h Ho i capelli bagnati. / (I miei capelli sono bagnati.) Me li devo asciugare subito. / Devo asciugarmeli subito.
i Oh, il nuovo libro di Andrea De Carlo! Me lo presti(,) quando lo hai letto?
j Se vi piacciono le arance, ve ne diamo una cassetta.
k I pantaloni sono troppo lunghi. Me li puoi accorciare?
l Ho dimenticato la penna. – Te ne do una delle mie.
m Non glielo devi dire. / Non devi dirglielo.
n Mi servono un attimo le Sue chiavi. Gliele riporto subito.

Übung 63

b Che avete fatto ieri sera? – Niente di particolare.
c Non posso venire domani. – Che peccato!
d Ti piace il mio bracciale nuovo? – Che bello!
e Roberta, a che stai pensando?
f La cornice che è sul tavolo è un regalo di matrimonio.
g Vittorio ha deciso di candidarsi. – Che notizia!
h Io preferisco più viaggiare in treno che in aereo.
i Lo so che sei una persona estremamente disponibile.
j Mangio la carne sia in padella che alla brace.
k Che io sappia, Alberto si è trasferito in Russia per lavoro.
l Ho dimenticato in che giorno è nato mio fratello!

***Che* bedeutet noch**: als, was, was für ein, welcher

Übung 64

- *Mentre* verwendet man, wenn „während" einen Nebensatz einleitet.
- *Durante* verwendet man, wenn „während" ein Hauptwort begleitet.

b Mentre – Durante la lezione ho dovuto spegnere il cellulare.
c mentre – Un mio collega si è sentito male durante l'esame.
d Durante – Mentre si discuteva del nuovo progetto si sono valutati diversi fattori di rischio.
e mentre – Signora, per cortesia, durante la mia assenza, innaffi i fiori tutti i giorni.
f Mentre – Durante le ferie mi hanno svaligiato l'appartamento.
g mentre – Ieri mattina, durante la colazione hanno ricevuto una notizia inaspettata.
h durante – Il pubblico applaudiva entusiasticamente mentre la giuria conferiva i premi.

Übung 65

a A, da
b Tra / Fra, del, di
c dal, con
d vicino a, della
e senza
f Verso
g Con, a
h in, in
i in, fino alle
j Invece di, al
k di, su, del
l Dopo, all'
m per
n dietro al / vicino al
o Secondo
p in
q fa
r sotto

Übung 66

a-6-non mi va; b-3-è andata a finire; c-7-Mi è venuta; d-2-vanno; e-1-viene; f-10-crescere; g-11-Mi è venuto; h-4-mi fa venire; i-5-va consegnato; j-9-mi viene, andare; k-8-stai, Insomma

Übung 67

a non siamo potuti passare
b mi passi
c Gliela passo
d Hanno passato
e Le va bene la gonna
f siamo passati per il giardino
g sono appena passate
h Sono passati due anni
i Che (cosa) è successo
j le devi passare
k Mi piacerebbe / Vorrei passare un attimo da te
l Abbiamo passato momenti difficili

passare: durchfahren, etw. reichen, jdm. (am Telefon) geben, verbringen, gehen durch, vorbeifahren, vergehen, (Gemüse) passieren, vorbeikommen, durchmachen

Übung 68

a proverei
b provare
c avevano provato
d ho provato
e provavo
f proveremo
g provare
h hanno provato / provano
i Prova
j provare
k Stanno provando
l provi

provare: empfinden / fühlen, (aus)probieren, proben, versuchen, anprobieren, kosten, wagen, beweisen / nachweisen

Übung 69

favorevole – sfavorevole; irrespirabile – respirabile; regolare – irregolare; irraggiungibile – raggiungibile; legale – illegale; infedele – fedele; ingiusto – giusto; ripetibile – irripetibile; illogico – logico; cortese – scortese; superabile – insuperabile; immobile – mobile; spiacevole – piacevole; indimenticabile – dimenticabile; insospettabile – sospettabile; felice – infelice; personale – impersonale; impopolare – popolare; incapace – capace

Übung 70

a hai
b stanno
c Fa
d tratta
e hanno
f dà
g vanno
h devo / debbo
i fa
j hai
k è venuto
l dai
m stai / hai
n Mi sento
o fare
p È

a Entschuldige, wie alt bist du? – Vierundzwanzig.
b Wie geht es deinen Eltern? – Gut, danke.
c Es ist kalt hier. Kann man die Heizung anschalten?
d Könnte ich bitte mit Herrn Dr. Rossi sprechen? Es handelt sich um eine dringende Angelegenheit.
e Die Kinder sind müde. Ich bringe sie ins Bett.
f Unser Schlafzimmer liegt leider zur Straße hin.
g Heute Abend müssen wir die Wurst essen, sonst wird sie schlecht.
h Giorgio, wie viel bekommst du für die Karte? / Wie viel schulde ich dir für die Karte? – Nichts, ich bitte dich!
i Gut, ihr habt Spaß gehabt. Das freut mich. / Ich freue mich.
j Martina, ist dir kalt? Ich hole (dir) eine Decke.

k Gestern Abend ist mir eingefallen, dass wir vergessen haben Luca einzuladen.
l Los, für wie alt hältst du mich? – Puh, ich habe keine Ahnung.
m Hey, Clelia, du siehst wirklich gut aus!
n Mir wird schlecht. Es ist vielleicht besser, wenn ich nach Hause gehe.
o Wozu hast du den Regenschirm mitgenommen? Es regnet nicht!
p Ich habe Vilma seit langem nicht mehr gesehen.

Übung 71

a ore / Stunden
b pesca / Fischen
c numero / Nummer
d ore / Uhr(zeit)
e rosa / Rose
f borsa / (Hand-)Tasche
g tasca / Tasche
h peli / Haare
i lettere / Buchstaben
j pesca / Pfirsich
k pasta / Teig
l capelli / Haare
m tempo / Wetter
n tempo / Zeit
o pasta / Nudeln
p numero / Größe
q pasta / Gebäck
r rosa / rosa
s lettere / Briefe
t taglia / Größe

Übung 72

a Un
b una
c alcun / nessun
d Alcuni, una
e alcuni / qualcuno / uno
f uno / qualcuno
g qualcun / un
h nessuno, nessuna
i qualcuno
j qualcuno
k qualcuno, nessuno
l nessuna
m qualcuno
n nessuno

Übung 73

a c', Ci
b —, ce
c ci
d ci
e ci
f —
g ci
h —, (ci)
i —, ce
j ci, ci
k ci
l —
m —, ci
n Ce
o ci

Übung 74

a Insomma
b Nel complesso
c Tutto sommato
d di persona
e insomma
f per iscritto
g di qua
h di corsa
i ad alto volume
j a bassa voce
k per caso
l Per fortuna
m di là
n al massimo

Übung 75

a-come-12; b-Quando-7; c-6-di; d-Da-2; e-11-che; f-10-quando; g-1-che; h-5-come; i-8-da; j-4-dei; k-9-di; l-Quando-3

Übung 76

a Ho visto un film che mi è piaciuto molto.
b Viola è una persona su cui posso sempre contare.
c Il paese in cui sono nata è piccolissimo.
d Ti devo raccontare una barzelletta che ho sentito ieri.
e Ho conosciuto la ragazza di cui si è innamorato Alberto.
f Ho fatto un incidente con la moto che mi aveva prestato Rocco.
g Ti piacciono le scarpe nuove che ho comprato?
h Non conosco la vicenda a cui ti riferisci.
i Siamo andati a cena nel ristorante che ci avevi consigliato.
j I ragazzi con cui divido l'appartamento sono di Genova.
k Ho deciso di non andare alla cena a cui sono stato invitato.
l Perché non ti metti il vestito che ti ha regalato la nonna?

Übung 77

a-9; b-15-si è fatta; c-1-va; d-13-impazzito; e-16; f-7-Comincia; g-10-migliorare; h-5-venuto; i-12; j-2-peggiorato; k-8-si raffredda; l-4-Si è fatto; m-3-si sono fatti; n-14; o-11; p-6-dimagrito

Ausdrücke mit „werden": alt werden → invecchiare / farsi vecchio; schlecht werden → andare a male; verrückt werden → impazzire / diventare matto; dick werden → ingrassare / ingrassarsi; kalt werden → (cominciare a) fare freddo, raffreddarsi; besser werden → migliorare; schön werden → venire bene; nass werden → bagnarsi; schlechter werden → peggiorare; spät werden → farsi tardi; groß werden → crescere / farsi grande / diventare grande; böse werden → arrabbiarsi; gut werden → andare bene; dünn werden → dimagrire / farsi magro

Übung 78

a ho perso
b perderò
c hanno perso / avevano perso
d ho perso
e ha perso
f ci siamo persi
g mi perdevo
h perdi
i perde
j perderete
k hanno perso
l abbiamo perso
m Si perdeva
n perde

perdere: verlieren, verlegen, verpassen, versäumen, auslaufen / -rinnen
perdersi: sich verlaufen, sich verfahren

den Kopf verlieren → perdere la testa; in einem Glas Wasser ertrinken → perdersi in un bicchier d'acqua; sitzen bleiben → perdere l'anno; ums Leben kommen → perdere la vita

Übung 79

a te la cavi
b Non ne posso più
c ce la sentiamo
d Gliela dai
e Ce la fai
f ce la metterai
g me ne frega
h smettere
i me ne sono andato
j ce l'hai
k prendertela
l l'ho fatto apposta

sich danach fühlen = sentirsela, nicht mehr können = non poterne più, nachgeben = darla vinta; zurechtkommen = cavarsela; aufhören = smetterla, weggehen = andarsene, darauf pfeifen = fregarsene, die Schuld geben = prendersela, es schaffen = farcela, auf jdn. böse sein = avercela, alles daransetzen = mettercela tutta, es absichtlich tun = farlo apposta

Übung 80

si dice, Tra, le elezioni, perciò, Ci vorrebbe, l'hai sentita, siete messi, di, va, una cortesia, alcuni, dove, durante, più, limitata, basterebbe, molto, per, scalo, potremmo, ne, però, Fammi

Übung 81

Übung 82

a Che differenza c'è fra i canederli e gli gnocchi?
b Che piacere rivederti!
c Devo andare a comprare la frutta? – No, ne abbiamo ancora.
d In quale strada abita?
e Conosco delle persone che vanno sempre a mangiare fuori. Ma ne conosco anche alcune che preferiscono cucinare.
f Hanno demolito la casa nella quale abbiamo vissuto / vivevamo da bambini.

g Mi servirebbero delle graffette. Ne hai alcune / qualcuna?
h Quali occhiali devo comprare?
i Ci servono delle tende nuove. – Ne ho viste alcune nel negozio all'angolo.
j Hanno ereditato una casa su cui / sulla quale grava un'ipoteca.
k Ci incontriamo davanti al cinema. – A che ora?
l Sulla home page c'è / si trova un modulo che bisogna compilare.

Übung 83

b Rimani ancora un po'? – No, io me ne vado.
c Vuoi una sigaretta? – No, grazie, ne ho già fumate troppe.
d Ha la mortadella? – Quanta ne vuole?
e Ti serve la macchina domani? – No, non ne ho bisogno.
f È convinto della decisione? – Ne sono convintissimo!
g Hai due uova? – Ne ho solo uno!
h Ho un problema. – Ne vuoi parlare?
i Sei andato in chiesa? – Sì, ne vengo proprio adesso.
j Prendi un cioccolatino! – Sì, grazie, ne prendo uno.
k Pensi che Marta cambi idea? – Ne dubito.
l Vorrei cambiare lavoro. – Tuo marito che ne dice?

Übung 84

a Forse
b Magari
c Forse
d magari / forse
e forse
f Forse
g forse
h Magari
i Forse
j Magari
k magari
l forse
m Magari / Forse
n magari
o forse

Übung 85

a Prima
b primo
c primi
d prima
e primo
f Prima
g Prima
h Primo
i prima
j prima
k primo
l prima
m Primo
n prime
o primi
p Primo

Übung 86

a cambiare mille euro
b cambiata la marmitta
c cambiare a Caserta
d è cambiato
e Cambia marcia
f hanno cambiato casa
g cambiare canale
h mi cambio
i ho cambiato parrucchiere
j Cambiamo / Cambiate argomento
k Ho cambiato idea
l ho cambiato posto

cambiare casa = umziehen; cambiare argomento = Thema wechseln; cambiare posto = umstellen, umräumen; cambiare canale = umschalten (Radio u. ä.); cambiare marcia = (um)schalten (Auto u. ä.); cambiare idea = die Meinung ändern

Übung 87

a-3-Faccio; b-1-ha fatto; c-9-Fammi; d-12-lasci; e-6-faccio / lascio; f-10-mi fai; g-8-hai lasciato; h-14-hai fatto; i-5-lascia; j-11-faccia; k-13-falle; l-2-faccia; m-4-Fammi; n-7-Hai fatto

Übung 88

a abbiamo trovato
b ricevi
c riceve
d le stia venendo
e ho avuto
f desidera
g ricevesse
h ha ricevuto
i si è presa
j abbiamo ottenuto
k ho ottenuto
l è stato ricevuto

venire la febbre = Fieber bekommen;
trovare posto = Platz bekommen;
prendere un raffredore = Schnupfen bekommen;
ricevere in omaggio = geschenkt bekommen

Übung 89

mettere un annuncio – annoncieren; carta da parati – Tapete; borsa di studio – Stipendium; senso dell'umorismo – Humor; anatra – Ente; appunto – Notiz; cassaforte – Tresor; dottorato (di ricerca) – Promotion; per così dire, come – quasi; strano, bizzarro – kurios; affrancatura – Porto; bisturi – Skalpell; toga – Robe; Einrichtung, Anstalt – ente; Gehalt – stipendio, Hafen – porto; Laune – umore; neugierig – curioso; Nachricht – notizia; Meißel – scalpello; fast, beinahe – quasi; Teppich – tappeto; Sachen, Zeug – roba; Schatz – tesoro; Beförderung – promozione; benachrichtigen – annunciare

Übung 90

mi chiamo, mi dica, ho inviato, ho trovato, risposta, ragione, inviare, ricevere, prenotare, dal, per sette notti, standard, viene, è compresa, la mezza pensione, mandare un fax, la conferma, La ringrazio

Übung 91

lo scolapasta – das Nudelsieb – gli scolapasta
il pescecane – der Haifisch – i pescicani / pescecani
il salvagente – der Rettungsring – i salvagente / salvagenti
il capoclasse – der Klassensprecher – i capiclasse
la lavastoviglie – der Geschirrspüler – le lavastoviglie
l'apribottiglie – der Flaschenöffner – gli apribottiglie
il grattacielo – der Wolkenkratzer – i grattacieli
il senzatetto – der Obdachlose – i senzatetto
il portabagagli – der Gepäckträger – i portabagagli
l'attaccapanni – der Kleiderständer – gli attaccapanni
il posacenere – der Aschenbecher – i posacenere
la ferrovia – die Eisenbahn – le ferrovie
il buttafuori – der Rausschmeißer – i buttafuori
l'altoparlante – der Lautsprecher – gli altoparlanti
il sottobottiglia – der Flaschenuntersetzer – i sottobottiglia
il capolinea – die Endstation – i capolinea / capilinea
il tostapane – der Toaster – i tostapane
il lungomare – die Strandpromenade – i lungomari
il telecomando – die Fernbedienung – i telecomandi
l'aspirapolvere – der Staubsauger – gli aspirapolvere
il portachiavi – der Schlüsselring – i portachiavi

Übung 92

a maggior
b maggiore / più grande, minore / più piccola
c peggiore
d più piccola
e anteriore
f superiore
g più cattivo
h più grande
i più basso
j posteriori
k inferiore / più basso
l più alto
m superiori
n minori

Übung 93

a ci
b ne
c Ce
d —, c'
e ci
f ne
g ne
h —
i ci
j —, ci
k ne
l ce
m —, ne
n —
o ne
p ci

Übung 94

Mögliche Übersetzung:

a La cosa migliore è sedersi davanti. / La cosa migliore è se mi siedo davanti.
b Qui stai / sei / ti trovi nel punto più alto.
c La cosa più rapida / veloce è cucinare una zuppa. / La cosa più rapida / veloce è se cuciniamo una zuppa.
d Questo è il CD che si vende di più / più di tutti.
e Come faccio a imparare / studiare nel modo migliore? / Qual è il modo migliore per imparare / studiare?
f Alla premiazione Tina era quella vestita peggio (di tutti).
g Qual è, per le famiglie, il posto migliore dove vivere?
h I testi musicali più belli, per te, in quale lingua sono?
i Fare windsurf è la cosa più difficile secondo me. / Trovo che il windsurf sia lo sport più difficile (di tutti).
j Credo che il motivo più frequente di discussione fra i genitori sia l'educazione dei figli. / Credo che i genitori litighino più spesso per l'educazione dei figli.
k Qual è il quartiere più bello (di tutti)?
l La Germania è fra i paesi più sviluppati del mondo.
m Quali sono le professioni pagate peggio (di tutte)?
n Qual è lo strumento musicale più difficile da imparare?
o La nostra città è la più grande (di tutte).
p Da uno studio è risultato che le casalinghe (sono quelle / le persone che) dormono peggio (di tutti). / Da uno studio è risultato che sono le casalinghe a dormire peggio (di tutti).

Übung 95

a salire, scendere
b accendere
c spegnessi / diminuissi
d aprite
e sono salito, sono sceso
f è aumentato / salito
g accendiamo
h spegne
i aprire
j sono diminuiti
k hanno acceso
l aprono, chiudono
m ha aumentato
n spegnere
o ho diminuito
p sono aumentata
q diminuendo
r apri

Übung 96

a verrà, sarà
b veniva
c va, deve essere
d è stata
e sono stati
f fossi stato
g viene, è
h sia stato
i andrebbe
j fossero stati

Übung 97

a-7-danno; b-hai dato-9; c-12-ha dato; d-5-dai; e-dare-10; f-dai-2; g-11-date; h-dare-1; i-Hai dato-3; j-danno-8; k-4-si danno; l-date-6

darsi del tu = (sich) duzen; darsi del lei = (sich) siezen; dare su = gehen auf; dare nell'occhio = ins Auge fallen; dare torto = Unrecht geben; darla vinta = nachgeben; dare uno sguardo = einen Blick werfen; dare ascolto = Gehör schenken; dare la mano = die Hand reichen; dare una mano = zur Hand gehen; dare da mangiare = füttern; dare un esame = eine Prüfung ablegen

Übung 98

a dormire di più
b mangiato tutto
c Bevi
d non l'ho sentito
e non mi è chiara
f visto
g giocato tutti
h recuperare
i continuare a lavorare
j fare una specializzazione
k copiato
l affrontare
m hai / porti
n separati
o occupare
p Conosce
q viene a prendere
r passate tante
s imporre
t rincorrere
u stabilito

Übung 99

								1 P	E	2 L	L	E		3 M
	4 P		5 F	A	V	A		E		I				A
	I		U					L		N				N
	E		6 O	C	7 C	H	I	O		8 G	I	O	C	O
	T		C		U					U				
	R		H		O					A				
9 M	A	N	I		R									
				10 P	E	L	I							

metterci una pietra sopra = Schwamm drüber; nel cuore della notte = mitten in der Nacht; cercare il pelo nell'uovo = ein Haar in der Suppe suchen; fare buon viso a cattivo gioco = gute Miene zum bösen Spiel machen; in un batter d'occhio = im Nu; avere le mani bucate = verschwenderisch sein; non avere peli sulla lingua = kein Blatt vor den Mund nehmen; prendere due piccioni con una fava = zwei Fliegen mit einer Klappe schlagen; avere la pelle d'oca = Gänsehaut haben; avere qualcosa sulla punta della lingua = etw. auf der Zunge liegen haben; metterci la mano sul fuoco = die Hand ins Feuer legen; essere tra due fuochi = zwischen zwei Stühlen sitzen

Übung 100

vetrina, cotone, i camerini, i capi, invernali, gamba, portare, bassa, vuole, Provo, Le sta, larga, accorciare, ritirarla, maniche, cambiarla

Übung 101

-ino/a: appartamentino, bellino, bruttino, cucchiaino, freddino, manina, uccellino
-(i)cino: bastoncino, libricino
-olino/a: gocciolina, tavolino, topolino
-etto/a: bacetto, isoletta, poveretto
-(ic)ello: alberello, asinello, cattivello, orticello, ponticello
-uccio: avvocatuccio, femminuccia, impiegatuccio
-otto: leprotto
-acchiotto: orsacchiotto

Nicht verkleinerte Wörter: bambino = Kind; brevetto = Patent; cappotto = Mantel; sgabello = Hocker; passerella = Laufsteg; pattino = Rollschuh

Abwertende Bedeutung: avvocatuccio, impiegatuccio, (manchmal) femminuccia

Übung 102

a più vicina
b prossima
c prossimo
d seguente / dopo / successivo
e prossima
f più breve
g seguente / dopo / successivo
h prossimo
i più vicino
j seguente / dopo / successivo
k prossimo
l seguente / dopo / successivo
m prossimi
n prossima

Übung 103

a è
b Sì, da
c dà
d e
e Ci, Ve la
f né, né
g Ne
h la, si
i fa
j lì / là
k La, fa, la
l ce
m Le, le
n ci
o li
p vi
q Lì / Là
r ne

Übung 104

a-Quando-8; b-Se-7; c-quando-1; d-Quando-9; e-se-2; f-quando-4; g-3-quando; h-Quando-10; i-6- Se; j-Se-5

Übung 105

a —
b di
c —
d a
e di
f ai
g dal
h —
i a
j a
k alla
l dal
m —
n alla
o del
p di
q di
r all'
s —
t al

Übung 106

a La scorsa settimana hanno finito la ristrutturazione del duomo.
b Purtroppo non ho ancora finito di leggere il libro.
c Le uova sono finite. Potresti comprarne / Ne potresti comprare alcune / qualcuna, per piacere?
d L'inverno finirà presto.
e Il mio terreno finisce alla cava.
f Il Po finisce nel mare Adriatico.
g Sai dove è finito il mio zaino?
h Mi sono addormentato/a! Com'è finito il film?
i Non possono continuare. La strada finisce qui / qua.
j Marco deve finire di scrivere l'e-mail.
k Ha finito di piovere.
l Abbiamo finito tutti i soldi nel giro di pochi giorni.
m Posso togliere il bicchiere? – No, devo ancora finire di bere.
n I bambini devono finire di mangiare.
o Ho finito! Andiamo a mangiare qualcosa!
p A che ora è finito il corso? – Alle sette.
q Dobbiamo ancora finire di pagare le ultime rate dell'auto / della macchina.
r Finirò quaranta anni in / ad agosto.

Übung 107

a interpellare
b informarsi
c domandò / chiese
d interrogato
e domanda / chiede
f intervistarlo
g supplicò
h ho domandato / ho chiesto
i interrogò
j pregare
k prego
l chiese
m ha chiesto
n interrogarono

Übung 108

a-6-stavano giocando; b-11-prendendo; c-5-scendendo; d-9-Stiamo lavorando; e-8-cucendo; f-3-Dormendo; g-10-avendo ..., mangiato; h-2-Partendo; i-4-stia dormendo; j-7-Avendo avuto; k-12-Essendo arrivati; l-1-sentendomi / stando

Übung 109

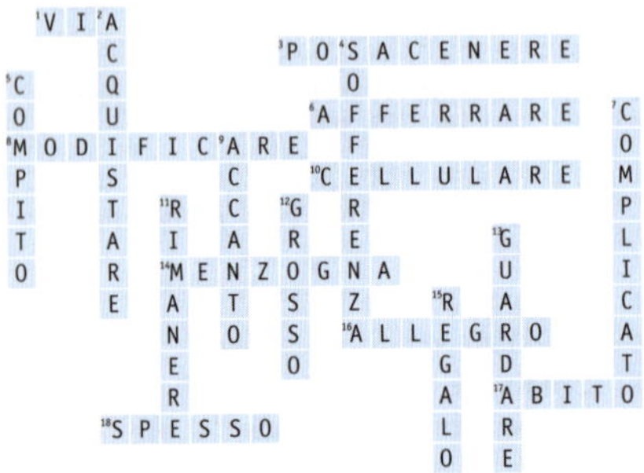

Übung 110

malvivente, imprenditore, avvenuto, sera, festeggiare, alcuni, di, per, giovane, con, quando, ha cominciato, insospettitosi, un'ombra, forzati, tentativo, la polizia, agenti, traccia, a, interrompendo, a conoscenza

Übung 111

a braccia
b stridi / strida
c delle dita
d membri
e delle membra
f le labbra
g i ginocchi / le ginocchia
h bracci
i i labbri
j lenzuoli
k mura
l i diti
m le lenzuola
n I muri

Übung 112

a Signori miei
b in suo aiuto
c a tuo rischio e pericolo
d in vita sua
e di testa tua
f in suo favore
g A mio avviso
h in sua assenza
i Figlio mio
j a Sua disposizione
k di nostra competenza
l Mamma mia
m Per colpa tua
n a casa tua

Übung 113

a-7-dopo; b-dopo-10; c-dopo-1; d-9-dopo di; e-12-dopo; f-11-dopo; g-Dopo che-2; h-Dopo-5; i-Dopo-3; j-dopo di-8; k-6-dopo; l-Dopo che-4; **übermorgen** = dopodomani

Übung 114

a a memoria / auswendig
b inoltre / außerdem
c quasi / fast
d Senza dubbio / zweifelsohne
e in un batter d'occhio / im Nu
f proprio / echt
g di corsa / schnell, rasch
h altrettanto / ebenfalls
i all'improvviso / plötzlich
j dappertutto / überall
k Sul serio / im Ernst
l in realtà / eigentlich
m affatto / gar nicht
n Appunto / eben

Übung 115

a vedere
b Guarda
c vediamo
d vedere
e vediamo / (guardiamo)
f hanno guardato
g vedere
h guarda
i Guardiamo
j vedono
k vedere
l vediamo
m vedere
n guardando
o vede
p vedendo / guardando
q guarda
r guarda
s guardando
t ho visto

scheel ansehen = guardare storto; jemanden nicht leiden können = non poter(e) vedere qualcuno; es kaum erwarten können = non vedere l'ora

Übung 116

a ascoltare
b ho sentito
c sente
d ascoltiamo
e hai sentito
f ascolta
g Sento
h Ho sentito
i ascoltavano
j sentiva
k Ho sentito
l ascoltando
m sentono
n ascoltavamo
o sento
p Senta
q sente
r senti

Übung 117

a-5; b-9; c-12; d-10; e-1; f-13; g-11; h-4; i-6; j-3, k-2, l-14; m-7; n-8

dai = los, komm'; figurati = ich bitte dich / ach was; accidenti = verflixt, Donnerwetter; farlo apposta = es absichtlich machen; per carità = um Gottes Willen; caspita = Donnerwetter; anzi = im Gegenteil, noch besser; per forza = na klar / natürlich; addirittura = wirklich / sogar; fare complimenti = Umstände machen; mi raccomando = ich bitte dich / Sie / euch sehr

Übung 118

Chiodo schiaccia chiodo = Ein Keil treibt den anderen.

A caval donato non si guarda in bocca. = Einem geschenkten Gaul schaut man nicht ins Maul.

Lontano dagli occhi, lontano dal cuore. = Aus den Augen, aus dem Sinn.

Chi fa da sé fa per tre. = Selbst ist der Mann.

Il lupo perde il pelo ma non il vizio. = Die Katze lässt das Mausen nicht.

Il mondo è bello perché è vario. = Die Welt ist schön, weil sie bunt ist.

Chi tace acconsente. = Wer schweigt, gibt Recht.

Non c'è due senza tre. = Aller guten Dinge sind drei.

Can che abbaia non morde. = Hunde, die bellen, beißen nicht.

L'occasione fa l'uomo ladro. = Gelegenheit macht Diebe.

Sbagliando s'impara. = Aus Schaden wird man klug.

Tra i due litiganti il terzo gode. = Wenn zwei sich streiten, freut sich der Dritte.

Chi si contenta gode. = Der Zufriedene hat immer genug.

Chi dorme non piglia pesci. = Ein schlafender Fuchs fängt kein Huhn.

Übung 119

Übung 120

a, amante, marinaio, movimenti, libertà, segreta, di, dove, degli, partecipò, Nel, fu costretto, perse, ritornò, guerra, natale, organizzò, per, con, da, incontro, popolare, terza, ottenendo, si ritirò, morì

Übung 121

a giornataccia
b figuraccia
c tempaccio
d paroloni
e Bacioni
f fettona
g caratteraccio
h parolaccia
i pigrone
j dolciastro
k furbacchione
l librone
m lacrimoni
n occhioni

Die Nachsilben sind: -one, -acchione, -accia, -ona, -astro, -accio

Übung 122

c una *povera* donna
d due *cari* ragazzi
f un *vecchio* amico
g una famiglia *numerosa*
i un albergo *caro*
k un film *unico*
l una ricetta *semplice*
m con *certi* colleghi
o una donna *sola*
q *numerose* persone

povero = bedauernswert, arm; vecchio = langjährig, alt; caro = lieb, teuer; solo = einzig, einsam; certo = gewiss, einig, sicher; numeroso = zahlreich, groß; unico = einzig, einzigartig; semplice = nur, einfach; diverso = verschieden, unterschiedlich

Übung 123

a-prima-3; b-prima di-13; c-prima delle-12; d-1-prima che; e-14-prima; f-prima del-2; g-4-prima che; h-Prima di-5; i-9-prima che; j-prima-6; k-prima-11; l-8-prima di; m-7-prima di; n-prima che-10

Übung 124

a a
b a
c alla, A proposito della
d In, da
e in mezzo a
f Al, di, da
g A
h In occasione del, a
i in, a causa dello, dei
j In seguito alla, negli
k in
l allo, a
m di
n da, da
o in cambio della
p da, di, di, di, da
q in base a
r in cima a

Übung 125

b cambiare / (aus)wechseln
c mi sentissi / sich fühlen
d chiameremmo / nennen
e sento / hören
f ti saresti perso/a / sich verlaufen/-fahren
g alzi / heben
h si agita / sich aufregen
i ci siamo svegliati / aufwachen
j svegliate / wecken
k sbrigati / sich beeilen
l si chiama / heißen
m si alzavano / aufstehen
n sbrigare / erledigen
o cambiati / sich umziehen
p agita / schütteln

Übung 126

a unire le dita verso l'alto e far oscillare il polso in direzione della spalla → Ma che dici? / Ma che vuoi?
b tenere la mano sinistra di traverso muovendola dal basso verso l'alto e colpirla con la mano destra → Vattene!
c aprire e chiudere le dita della mano verso l'alto → Riassumi!
d stringere le spalle sollevandole verso l'alto → Boh! / Non lo so!
e portare le dita della mano unite sotto il mento e poi muoverle in avanti → Non mi importa!
f sfregare le punte dell'indice e del medio contro il pollice → Quanto costa?
g mettere la mano di taglio in mezzo ai denti → Che rabbia!
h portare l'indice teso davanti alle labbra → Silenzio!
i incrociare il medio e l'indice → Buona fortuna!
j unire i due indici tesi → Quei due se la intendono!

k far toccare le punte dei due indici tesi → Quei due non vanno d'accordo!
l fare le forbici con le dita → Dacci un taglio!
m martellare l'indice sulla tempia → Sei / È pazzo!
n portare l'indice teso al centro della guancia e girarlo → Buono!

Übung 127

a che fine hai fatto
b Neanche per sogno
c Senti chi parla
d Insomma
e Che c'è
f Quasi quasi
g Meno male
h Insomma
i Ci mancherebbe altro
j c'è mancato poco che
k Macché
l magari

Magari! = Schön wär's! / Neanche per sogno! = Nicht im Traum! / Meno male! = Gott sei Dank / C'è mancato poco che ... = Es fehlte nicht viel ... / Senti chi parla! = Hört, hört! / Ci mancherebbe altro! = Das wäre ja noch schöner! / Che c'è? = Was ist? / Macché! = Ach was! / quasi quasi = am liebsten, am besten / Insomma! = Also, bitte!, So lala! / Che fine hai fatto? = Was ist aus dir geworden?

Übung 128

a Tra il dire e il fare c'è di mezzo il mare.
b Gallina vecchia fa buon brodo.
c Chi trova un amico trova un tesoro.
d Fidarsi è bene, non fidarsi è meglio.
e Tentar non nuoce.
f Le bugie hanno le gambe corte.
g Molto fumo e poco arrosto.
h Tra moglie e marito non mettere il dito.
i Tanto va la gatta al lardo che ci lascia lo zampino.
j Tutto il mondo è paese.
k L'abito non fa il monaco.
l Chi lascia la via vecchia per la nuova sa quel che lascia ma non sa quel che trova.
m Ambasciator non porta pena.
n Fatta la legge trovato l'inganno.

a-2; i-3; n-4; b-5; f-6; h-7; c-8; j-9; e-10; k-11; d-12; l-13; m-14

Übung 129

		[1]F	A	[2]M	E											
				E												
	[3]S	T	O	M	A	C	[4]O				[5]A					
				O			R				Z					
	[6]M			R		[7]B	E	V	E		Z					[8]T
[9]P	A	N	N	I			C			[10]F	U	L	M	I	N	E
	G			A			C				R					S
	R						H				R					T
[11]B	O	C	C	A		[12]G	I	O	R	N	O					A

avere una fame da lupi = einen Bärenhunger haben; tutto il santo giorno = den lieben langen Tag lang; il principe azzurro = der Märchenprinz; far venire l'acquolina in bocca = jdm. den Mund wässrig machen; un fulmine a ciel sereno = ein Blitz aus heiterem Himmel; vuoto di memoria = Gedächtnislücke; stare sullo stomaco = nicht riechen können; bere come una spugna = saufen wie ein Loch; essere tutt'orecchi = ganz Ohr sein; mettersi nei panni di qualcuno = sich in die Lage von jdm. versetzen; far perdere la testa a qualcuno = jdm. den Kopf verdrehen; essere magro come un'acciuga = ein Strich in der Landschaft sein

Übung 130

Spett.le, ordine, piattini, è avvenuta, esattamente, sembrasse, mancavano, imballata, danneggiati, pagamento, pertanto, nonché, che, merce

Die Zahlen beziehen sich auf die durchnummerierten Übungen.